यूँ ही बैठे-बैठे

जस्मिन मेहेर

notionpress.com
INDIA • SINGAPORE • MALAYSIA

ISBN

Hardcase 979-8-90560-549-9
Paperback 979-8-90510-610-1

अंतर्वस्तु

अनकहे अल्फ़ाज़

तन्हाई में दिल जैसे कोई हमारा नहीं,
लाख मनाया उसे, फिर भी वो माना नहीं।

दिल में लिखे अल्फ़ाज़, कोई पढ़ कर देख ले,
यहाँ वो लोग हैं, जिन्होंने हमको कभी अपनाया नहीं।

चेहरे लाखों हैं हसीन इस जहाँ में,
मगर तुमसा किसी ने रिझाया नहीं।

मैं तुझ में ही खोई रही हमेशा, इसलिए
खुद को कभी पहचाना नहीं।

इक़रार की चाहत है तुझ में,
मगर इज़हार हमसे करता नहीं।

अजीब क़िस्सा है, इस दिल का ओ हमसफ़र,
सफ़र में होकर भी, सफ़र का कुछ पता नहीं।

उम्मीद की शम्मा जलाई थी हमने उम्र भर,
मगर अंधेरों ने साथ मेरा कभी छोड़ा नहीं।

खामोश निगाहें बहुत कुछ कह गईं तुमसे,
ये और बात है कि तुमने उन्हें कभी सुना नहीं।

लिखते रहे हम दास्ताँ-ए-मोहब्बत अपनी,
पर अफ़सोस, तुमने उसे कभी पढ़ा नहीं।

वो जो कहते थे उम्र भर साथ निभाएंगे,
मोड़ आया तो साया भी साथ चला नहीं।

घड़ियाँ गुज़रती रहीं उसकी आहट की आस में,
वक़्त रुक गया है पर वो अभी आया नहीं।

जुबान पर शिकवे तो बहुत थे मगर क्या करें,
सामने वो आए तो हमें कुछ भी सूझा नहीं।

भीड़ तो बहुत है शहर की इन गलियों में,
मगर तुझ बिन ये दिल कहीं भी लगा नहीं।

काँच के ख्वाब थे जो पलकों पर सजाए थे,
टूट कर बिखरे ऐसे कि फिर कोई जुड़ा नहीं।

तेरी तलाश में हम दर-ब-दर भटकते रहे,
अपने ही घर का रास्ता हमें फिर मिला नहीं।

किसी-किसी को।

बारिश सबको पसंद है, मगर
भीगना किसी-किसी को।

चेहरे सबको पसंद हैं, मगर
दिल किसी-किसी को।

मोहब्बत सबको पसंद है, मगर
निभाना किसी-किसी को।

इश्क़ की गर्माहट हर किसी को पसंद है, मगर
दिल की गहराई किसी-किसी को।

ख़्वाब सबको पसंद हैं, मगर
हक़ीक़त किसी-किसी को।

सुकून सबको पसंद है, मगर
तनहाई किसी-किसी को।

रोशनी सबको पसंद है, मगर
अंधेरे में जलना किसी-किसी को।

मंज़िल सबको पसंद है, मगर
रास्तों की धूल किसी-किसी को।

फूल सबको पसंद हैं, मगर
काँटों की चुभन किसी-किसी को।

तारीफ़ें सबको पसंद हैं, मगर
अपनी कमियाँ किसी-किसी को।

ज़ुबान की मिठास सबको पसंद है, मगर
खामोशी का शोर किसी-किसी को।

समंदर की लहरें सबको पसंद हैं, मगर
तूफानों से लड़ना किसी-किसी को।

अलग ही खेल है कुछ ज़िंदगी का,
मुस्कुराना सबको पसंद है, मगर
ग़म बाँटना किसी-किसी को।

दुआएं सबको पसंद हैं, मगर
इबादत किसी-किसी को।

मंज़िल सबको पसंद है, मगर
मुसाफ़िर बनना किसी-किसी को।

गुलशन सबको पसंद है, मगर
काँटों से उलझना किसी-किसी को।

परवाज़ सबको पसंद है, मगर
हवाओं से लड़ना किसी-किसी को।

किसी-किसी को।

साहिल सबको पसंद है, मगर
गहरा समंदर किसी-किसी को।

महफ़िल सबको पसंद है, मगर
अपना अंदर किसी-किसी को।

किताबें सबको पसंद हैं, मगर
सबक याद रखना किसी-किसी को।

मीठी बातें सबको पसंद हैं, मगर
कड़वा सच कहना किसी-किसी को।

वक्त सबको पसंद है, मगर
सब्र करना किसी-किसी को।

ये दुनिया सबको पसंद है, मगर
ज़िंदा रहना किसी-किसी को।

अलग ही खेल है कुछ ज़िंदगी का,
मुस्कुराना सबको पसंद है, मगर
ग़म बाँटना किसी-किसी को।

अनसुनी पुकार

मेरी पुकार
मेरी पुकार वहाँ तक जाएगी ही नहीं,
जाएगी भी तो, वो वापस आएगा ही नहीं।

आएगा मेरे जनाज़े पर मगर देर से,
आकर भी वो गले से लगाएगा ही नहीं।

लगाएगा दिल मुझसे, मगर दुनिया के डर से,
दिलागी वो कभी निभाएगा ही नहीं।

निभाएगा वो झूठी क़समें और वादे,
दुआओं में हमें कभी लाएगा ही नहीं।

लाएगा वो झुमके, कंगन और बिंदिया,
ज़िक्र हमारी मोहब्बत का, मेंहदी से हाथों पर झलकाएगा ही नहीं।

झलकाएगा आँसू मेरी आँखों से वो मुसलसल,
मेरी तारीफ़ में दो बोल कभी गुनगुनाएगा ही नहीं।

गुनगुनाएगा मोहब्बत के गीत महफ़िल में, मगर
अपनी उँगलियों से सवारेगा बाल मेरे ही नहीं।

नहीं है उसे खबर मेरे दिल की हालत की,
पास होकर भी वो कभी मेरा कहलाएगा ही नहीं।

कहलाएगा मसीहा वो सारा शहर की नज़रों में,
पर मेरे ज़ख्मों पर मरहम कभी लगाएगा ही नहीं।

लगाएगा इल्ज़ाम मुझ पर ही...
मेरी पुकार वहाँ तक जाएगी ही नहीं,
जाएगी भी तो, वो वापस आएगा ही नहीं।

आएगा मेरे जनाज़े पर मगर देर से,
आकर भी वो गले से लगाएगा ही नहीं।

लगाएगा दिल मुझसे, मगर दुनिया के डर से,
दिलागी वो कभी निभाएगा ही नहीं।

निभाएगा वो झूठी क़समें और वादे,
दुआओं में हमें कभी लाएगा ही नहीं।

लाएगा वो झुमके, कंगन और बिंदिया,
ज़िक्र हमारी मोहब्बत का, मेंहदी से हाथों पर झलकाएगा ही नहीं।

झलकाएगा आँसू मेरी आँखों से वो मुसलसल,
मेरी तारीफ़ में दो बोल कभी गुनगुनाएगा ही नहीं।

गुनगुनाएगा मोहब्बत के गीत महफ़िल में, मगर
अपनी उँगलियों से सवारेगा बाल मेरे ही नहीं।

नहीं सवारेगा वो उजड़ी हुई मेरी तक़दीर को,
मेरे नाम का दीया अपनी दहलीज़ पर जलाएगा ही नहीं।

जलाएगा वो ख़त मेरे, ज़माने की नज़रों से बचकर,
पर राख को अपनी रूह से कभी मिटाएगा ही नहीं।

मिटाएगा वो निशान मेरे हर एक नक्श-ए-कदम के,
पर ख़यालों की बस्ती से मुझे निकाल पाएगा ही नहीं।

पाएगा वो शोहरत, इज़्ज़त और मुकाम नया,
पर सुकून की नींद अपनी आँखों में लाएगा ही नहीं।

लाएगा वो चेहरे कई अपनी तन्हाइयों को भरने को,
पर मेरी जगह किसी और को वो बिठाएगा ही नहीं।

बिठाएगा वो ख़ामोशी को अपना हमसफ़र बनाकर,
पर दिल का हाल चीख कर भी सुनाएगा ही नहीं।

सुनाएगा वो दास्तान-ए-इश्क़ किसी और को शायद,
पर उसमें मेरा नाम कभी वो बताएगा ही नहीं।

मेरी पुकार वहाँ तक जाएगी ही नहीं,
जाएगी भी तो, वो वापस आएगा ही नहीं।

मेरी पुकार वहाँ तक जाएगी ही नहीं,
जाएगी भी तो, वो वापस आएगा ही नहीं।

आएगा मेरे जनाज़े पर मगर देर से,
आकर भी वो गले से लगाएगा ही नहीं।

लगाएगा दिल मुझसे, मगर दुनिया के डर से,
दिलागी वो कभी निभाएगा ही नहीं।

निभाएगा वो झूठी क़समें और वादे,
दुआओं में हमें कभी लाएगा ही नहीं।

लाएगा वो झुमके, कंगन और बिंदिया,
ज़िक्र हमारी मोहब्बत का, मेंहदी से हाथों पर झलकाएगा ही नहीं।

झलकाएगा आँसू मेरी आँखों से वो मुसलसल,
मेरी तारीफ़ में दो बोल कभी गुनगुनाएगा ही नहीं।

नहीं गुनगुनाएगा वो नाम मेरा भरी महफ़िल में,
पर तन्हाई में मुझे भूल भी पाएगा ही नहीं।

पाएगा वो दुनिया की हर एक रंगीनी मगर,
मेरी सादगी का अक्स कहीं पाएगा ही नहीं।

पाएगा वो नए मुसाफ़िर अपनी मंज़िल के लिए,
पर पुराने रास्तों पर मुड़कर कभी आएगा ही नहीं।

आएगा उसे मलाल मेरी मौत की ख़बर सुनकर,
पर रोकर भी वो अपना हक़ जताएगा ही नहीं।

जताएगा वो पत्थर सा दिल ज़माने के सामने,
पर अंदर से जो टूटा है, वो दिखाएगा ही नहीं।

दिखाएगा वो ख़्वाब किसी और की आँखों में,
पर मेरी यादों का काजल कभी छुड़ाएगा ही नहीं।

नहीं छुड़ाएगा वो दामन मेरी रूह की ख़ुशबू से,
पर लौटकर वो फिर मेरी बस्ती में आएगा ही नहीं।

मेरी पुकार वहाँ तक जाएगी ही नहीं,
जाएगी भी तो, वो वापस आएगा ही नहीं।

ख़्वाहिश-ए-सहारा

इन दिलों की महफ़िल में एक घर है तुम्हारा
एक पल लहरें तो दूजे पल किनारा

वो कहते पहले तुम थे, अब कोई और है
हमारे साथ रहते-रहते थक गए इस कदर की अब नहीं चाहिए तुम्हारा सहारा

यह दिल तो है बस एक बेचारा
एक पल लहरें, तो दूजे पल किनारा

जहाँ वो शबनमी चाँदनी उसके नाम हुआ करती थी
आज कर दिया उसने भी मजबूर इस कदर
ना साहिल रह गया, और ना ही कोई किनारा

गुलाबों को किताबों में सजाए बैठे हैं
कभी वो गुलाब भी उसकी ख़ुशबू से महका करती थी
अब तो मोहब्बत भी नीलाम होगी है बाज़ारों में
अब नहीं रहा कोई दिल और ना ही कोई हमारा

खुद को जलाकर हमने महफ़िल रौशन की थी,
मगर राख हुए तो किसी ने नाम तक न पुकारा।

उम्मीद की कश्ती अब डूबने को है 'साहिल',
तूफ़ान ही अब हमारा आख़िरी सहारा।

वो यादों का बोझ अब उठाया नहीं जाता,
टूट कर बिखर गया है उम्मीद का हर सितारा।
खुद को समेटने की कोशिश में और बिखर गए हम,
जैसे रेत फिसली हो हाथों से, ना मिला कोई सहारा।

वो जो कहते थे उम्र भर का साथ निभाएंगे,
आज उनकी नज़रों में अजनबी बन गया चेहरा हमारा।

वक्त की गर्द ने मिटा दिए वो हसीन नक्श-ए-कदम,
अब तो यादों का धुंधला सा बचा है बस एक नज़ारा।

हमारा क्या है, हम तो महज़ एक मुसाफ़िर थे,
मंज़िल ने ठुकराया, तो रास्तों ने भी साथ न गुज़ारा।

नीलाम कर दी उसने मेरी वफ़ा भरी महफ़िल में,
और हम चुपचाप देखते रहे अपनी ही हस्ती का बँवारा।

यह दिल तो रह गया बेचारा,
एक पल लहरें, तो दूजे पल किनारा।

सफेद कागज़ पर अश्कों से लिख दी दास्ताँ अपनी,
पर पढ़ न पाया कोई, ना समझा दर्द हमारा।

वो जिसे समझा था हमने अपना आशियाना,
उसी ने आज तन्हाई की आग में हमें उतारा।

कभी धड़कनें भी उनके नाम से चला करती थीं,
आज धड़कन तो है, पर धड़कने का नहीं कोई इरादा।

खिड़कियों से झांकती है अब बस वीरानियाँ,
ना वो दस्तक रही, ना अब लौटकर आएगा वो दोबारा।

हमने तो समंदर को अपना राज़दान बनाया था,
मगर लहरों ने भी आज हमें किनारे पर दे मारा।

थक कर सो गए हैं अब अरमान दिल के कोने में,
जैसे डूब गया हो कहीं दूर कोई टूटा हुआ सितारा।

यह दिल तो रह गया बेचारा,
एक पल लहरें, तो दूजे पल किनारा।

हिज्र की रात

किसी की याद में जलते दीपों का धुआँ, रात
हर सिफ़र में बिखरे हैं मेरे इस्म-ओ-फ़साना, रात

हँसी-हँसी में बिखरते हैं सारे सरोकार, रात
और दिल के क़त्ल पर लिखता हूँ फिर इक कार, रात

तेरे बिना हर शेर का मज़ा क़त्ल-ए-जुड़वाँ, रात
जैसे बिन-सिरे की शायरी, बेजान-ओ-बेज़ार, रात

इज़ाफ़ों की बारी है, पर मैं हूँ ख़ाली-हाथ, रात
जैसे ख़त्म-शुदा किताब का आख़िरी पन्ना, रात

बेताबियों की धूप में भी मैं हूँ ठंडा-ठंडा, रात
बदनाम हूँ मैं, पर लिखता हूँ बस तेरे नाम का साया, रात

नब्ज़ थमी है ज़माने की, पर मेरी धड़कनें जारी हैं
वक़्त के सन्नाटे में गूँजता है तेरा तराना, रात

ख़ुद से लड़ते-लड़ते थक गया है अब वजूद मेरा
आईने में अक्स ढूँढता है मेरा ही ठिकाना, रात

वो जो मुसाफ़िर थे उजालों के, सो गए चादर तान कर
'शायर' के हिस्से आया है बस ये जागना-जगाना, रात

पलकों की ओट में छुपाए हैं अश्कों के समंदर
मुस्कुराहटों के पीछे छुपा है मेरा ज़माना, रात
काँच के ख़्वाब हैं और हक़ीक़त की सख़्त ज़मीन
टूटे हुए टुकड़ों को समेटने का है बहाना, रात

दीवारों से बातें करना अब मशग़ला है मेरा
ख़ामोशियों का हाथ पकड़ कर कहीं दूर जाना, रात

सितारों की महफ़िल तो सजी है आसमाँ पर मगर
मेरी दहलीज़ पे ठहरा है वही पुराना वीराना, रात

सूरज की दस्तक तक ही है ये सारी कशमकश
फिर ओढ़ कर उजाला, मुझे फिर से खो जाना, रात

कभी मरहम बनकर सहलाती है ज़ख़्मों को मेरे
कभी यादों का नश्तर बनकर मुझे आज़माना, रात

सवालों की गर्द जमी है रूह के आईने पर
बिना जवाब के ही गुज़र जाता है ये ज़माना, रात

चिराग़ों की लौ काँप रही है तेज़ हवा के खौफ़ से
मुश्किल है अब उम्मीद का ये दिया जलाना, रात

ज़ुबान पर ताले हैं, पर सोच में शोर बहुत है
ख़ुद से ही गुफ़्तगू करने का है बस ठिकाना, रात

उजाले की चादर तले सब छुप जाएगा 'शायर'
बस अंधेरे में ही मुमकिन है ख़ुद को पाना, रात

एक अनकही किताब

बेताबियों की धूप में महताब सी हूँ
बदनाम सी हूँ दिन में, बेजान सी हूँ

मेरी नज़र से देख मुझको, आशिक़ कमाल की हूँ
रातों में गुमनाम सी हूँ, मैं ख़ुद ही अनजान सी हूँ

कमियाँ ढूँढते हैं लोग मुझमें इस क़दर
मगर शायर मैं कमाल की हूँ

सहर की ठंडी हवा में जब चलती है सरगम, मैं ख़ामोशी की साज़ हूँ
जिन्हें देखूँ तो चाँद भी शर्मा जाए, मैं उस मोहब्बत का राज़ हूँ

लिखने को तो हर एहसास बयान कर दूँ
एक अनकही किताब सी हूँ

गुलज़ारों में जब बिखरते हैं ख़ुशबू के क़िस्से, मैं फ़िज़ा हूँ
जिन्हें सुनूँ तो दिल के तार झनझनाएँ, मैं वही साज़ हूँ, एक अनकही राज़ सी हूँ

विरह की रातों में जब आती है स्याही, मैं इक दीप का उजाला हूँ
जिन्हें चाहूँ तो ज़माने भर में बसूँ, मैं वही इंतज़ार का साया हूँ

मुझको न समझेगी यह दुनिया क्योंकि,
तुमसे बेहतर इंसान सी हूँ

वो समझते हैं मैं रेत हूँ, जो हाथों से फिसल जाऊँगी
मैं तो वो समंदर हूँ, जिसमें गहरे राज़ छुपे हैं

लफ़्ज़ों की मोहताज नहीं है मेरी शख़्सियत
मैं वो अनकहा नग़मा हूँ, जो रूह में उतर जाए

ठोकरों ने सिखाया है मुझे संभल कर चलना
गिर कर जो फिर खड़ी हो जाए, मैं उस हिम्मत की मिसाल हूँ

मेरी हक़ीक़त बस मेरे खुदा और मुझसे पूछो
दुनिया के लिए तो मैं बस एक अधूरा सा ख़्वाब हूँ

दबी हुई चिंगारी हूँ मैं, राख न समझना मुझको
वक़्त आने पर जो सूरज बन जाए, मैं उस सहर की प्यास हूँ

कभी मोम सी पिघलती हूँ, कभी पत्थर सी सख़्त हूँ मैं
खुद में सिमटी एक दुनिया, मैं ही अपना आस-पास हूँ

चेहरे की चमक तो ढल जाएगी इक दिन मुसाफ़िर
जो रूह को रोशन कर दे, मैं उस नूर का अहसास हूँ

भीड़ में चलकर भी अक्सर तन्हा ही रहती हूँ मैं
जो समझ सको तो सगा, वरना बिल्कुल ही ख़ास हूँ

मेरा अंत तो बस एक नई शुरुआत की दस्तक है
जो मिट कर भी अमर रहे, मैं उस हर्फ़ की मिठास हूँ

किसी की याद में

दीप जला रही हूँ, किसी की याद में
तस्वीर बना रही हूँ, किसी की याद में

सब कर रहे हैं ज़िक्र अपने चाहने वालों का
हम बस आँसू छुपा रहे हैं, किसी की याद में

क़त्ल, जुनून, वहशत, बेक़रारी, हिज्र और अकेलापन
न जाने क्या-क्या बड़बड़ा रहे हैं, किसी की याद में

मोहब्बत की किताब में, सब जोड़ रहे हैं नया बाब
हम बस अधूरी किताब बना रहे हैं, किसी की याद में

जब-जब कलाम की बिखरती स्याही की वजह पूछता है कोई
कह दिया बस लिख रहे हैं किसी की याद में

ज़माने की नज़रों में हम शायद मुजरिम ठहरे
मगर हम तो दिल सजा रहे हैं, किसी की याद में

कभी हँस के टाल देते हैं दुनिया के सब सवाल
कभी चुपके से मुस्कुरा रहे हैं, किसी की याद में

वो जो ख़्वाब आँखों की दहलीज पार न कर सके
उन्हीं ख़्वाबों को सहला रहे हैं, किसी की याद में

शाम की तन्हाई जब घेर लेती है चारों तरफ़
हम यादों का शहर बसा रहे हैं, किसी की याद में

मिलेगा सुकून हमें भी एक रोज़ 'शायर'
अभी तो बस वक़्त बिता रहे हैं, किसी की याद में

सितारों से पूछो मेरी रातों की बेचैनी का सबब
हम जाग कर रातें बिता रहे हैं, किसी की याद में

वो जो कहते थे कि बिछड़ कर जी न पाओगे तुम
उन्हीं को जी कर दिखा रहे हैं, किसी की याद में

फ़िज़ाओं में गूँजती है आज भी वही पुरानी सदा
हवाओं से हम गुनगुना रहे हैं, किसी की याद में

लोग पूछते हैं कि आँखों में ये सुर्खी क्यों है
कह दिया बस पलकें भिगो रहे हैं, किसी की याद में

न कोई मंजिल है सामने, न कोई रास्ता बचा है
बस यूँ ही कदम बढ़ा रहे हैं, किसी की याद में

एक महफ़िल सजी है मेरे अंदर ख़ामोशियों की
हम तन्हाई का जश्न मना रहे हैं, किसी की याद में

वो जो गुज़र गए मौसम, उन्हें फिर से बुलाना क्या
ख़ुद को फिर भी आज़मा रहे हैं, किसी की याद में

दर्पण में चेहरा अपना अब पराया सा लगता है
हम अक्स किसका सजा रहे हैं, किसी की याद में

न कोई शिकवा ज़ुबान पर, न आँखों में कोई गिला
बस मौन की चादर बिछा रहे हैं, किसी की याद में

वक़्त की लहरों ने मिटा दिए मंज़िल के सब निशाँ
फिर भी रेत पर घर बना रहे हैं, किसी की याद में

लोग समझते हैं कि अब हम संभल गए 'शायर'
हम तो बस दर्द मुस्कुरा कर छुपा रहे हैं, किसी की याद में

कभी ख़ुद से बिछड़ कर, ख़ुद को ढूंढते हैं हम
आईने में किसी और को पा रहे हैं, किसी की याद में

ये जो ख़ामोशी का शोर है, सहना नहीं आसां
धड़कनों को अपनी सुला रहे हैं, किसी की याद में

दुआओं के हाथ भी अब तो थकने लगे हैं मेरे
आसमान से हम राज़ छुपा रहे हैं, किसी की याद में

पुराने ख़तों की राख अब आँखों में चुभती है
धुएं से हम मंज़र बना रहे हैं, किसी की याद में

दुनिया को लगता है कि हम पत्थर हो गए 'शायर'
अंदर ही अंदर ख़ुद को गला रहे हैं, किसी की याद में

मेरे वजूद का हर हिस्सा अब मेरा नहीं रहा
किश्तों में हम ख़ुद को लुटा रहे हैं, किसी की याद में

तेरी आहट का मौसम

तेरे क़दमों की आवाज़ गलियों में बजती है
हर मोड़ पर पाँव एक नई उम्र में ढलती है

तेरे होने से ही घर में ख़ुशबू बस जाती है
तेरे न होने पर ख़ामोशी भी रोती है

जब-जब तेरी आँखों में आँसू चमकते हैं
तब-तब तेरी आँखों से चाँदनी उतरती है

तेरे चेहरे की रोशनी से रास्ते सजते हैं
अंधेरों में भी सितारे तेरे संग चलते हैं

तेरे बिना जो लम्हा गुज़रता है, वो अधूरा है
जैसे सरगम में कोई सुर बे-आवाज़ छुपा हो

तेरे साथ चलती है दुआओं की एक महफ़िल
तेरे बिना हर इबादत में भी खालीपन सा होता है

तेरी मुस्कान से गुल खिलते हैं राहों में
और तेरी ख़ामोशी से हवा भी थमी-सी लगती है

तेरे लबों की जुम्बिश से सहर होती है,
तेरी एक नज़र से मेरी हर मुश्किल टलती है।

तू दूर होकर भी धड़कन के पास रहता है,
तेरी यादों की धूप मेरे आंगन में ढलती है।

तू जो देख ले मुड़कर तो ज़िंदगी सँवर जाए,
वरना ये साँस बस पुरानी आदतों पे चलती है।

तेरे ज़िक्र से ही फ़िज़ाओं में रंग घुलते हैं,
जैसे वीरान से सहरा में कोई लहर पलती है।

तू जो पास न हो, तो चाँद भी बोझ लगता है,
हर चांदनी रात फिर यादों की आग में जलती है।

तेरे लबों की दुआओं का ही ये असर होगा,
कि मेरी हर डूबती कश्ती किनारे से लगती है।

ये उम्र जो तेरे इंतेज़ार में गुज़री है,
बस तेरी एक आहट की उम्मीद पे चलती है।

तेरी ख़ामोशी में भी हज़ारों बातें पलती हैं,
जैसे गहरी झील में खामोश लहरें चलती हैं

ये वक़्त जो तेरे इंतज़ार में गुज़रा है,
बस तेरी एक आहट की उम्मीद पे कटती है।

तू जो मुस्कुरा दे तो बहारें लौट आती हैं,
तेरे बिना तो ये फ़िज़ा भी सूनी-सी लगती है।

रूह से रूह का जो ये रिश्ता पुराना है,
उसी एक धागे पे मेरी ये दुनिया टिकी-सी रहती है।

सूरज की किरणों को भी तुझसे ही नूर मिलता है,
तेरे चेहरे की चमक से ही ये सुबह निखरती है।

वक़्त की बेरुखी

वो कहते थे, "तुम मेरे हो,
मुझे कोई और नहीं चाहिए।"

वक़्त बदले या हालात बदलें,
मुझे बस तुम चाहिए।

हम भी दिल लगा बैठे थे,
हमें भी बस उनका प्यार चाहिए।

वक़्त भी पाबंद था, एक वक़्त तक,
फिर वो बोले कि हमें कोई और चाहिए।

अब तुम में वो बात नहीं,
तुम में वो इक़रार नहीं।
हम भी कमबख़्त प्यार समझ बैठे,
उसे तो बस दिल बहलाने वाला यार चाहिए था।

भूल गए वो सारे वादे, जो हँसते हुए किए थे
उन्हें तो बस गुज़रते वक़्त का एक सहारा चाहिए था।

अब जो मिलते हैं तो अजनबियों सा हाल पूछते हैं
शायद उन्हें अपनी वफ़ा का नया नज़ारा चाहिए था।

ख़ता हमारी ही थी कि हमने समंदर समझ लिया उन्हें
उसे तो बस किनारों पर बहने वाला धुआँ चाहिए था।
ग़ैर हो गए वो जो कभी रूह की बात करते थे,
उन्हें तो बस गुज़रने के लिए एक रास्ता चाहिए था।

अब जो देखूँ तो उनके वादे कांच जैसे निकले,
उसे तो बस चमक दिखाने वाला एक आईना चाहिए था।

हकीक़त खुली तो पता चला हम एक पन्ना थे उसकी किताब के,
पर उसे तो हर रोज़ एक नया अफ़साना चाहिए था।

मलाल ये नहीं कि वो बदल गए वक़्त के साथ,
तकलीफ़ ये है कि उसे बस दिल तोड़ने का बहाना चाहिए था।

सुलगती रही यादें, जैसे धूप में बर्फ़ पिघलती है,
उसे तो बस जलने के लिए एक परवाना चाहिए था।

ख़ामोशियाँ अब शोर करती हैं मेरे सूने कमरे में,
शायद उसे बस मेरी चीख़ों का तमाशा चाहिए था।

उम्मीद के चिराग़ जलाकर हम राह तकते रहे,
मगर उसे तो अंधेरों में भटकने का बहाना चाहिए था।

अब न शिकवा है न शिकायत, बस एक सबक मिला हमें,
कि उसे कभी प्यार नहीं, बस दिल बहलाने का ज़रिया चाहिए था।

यूँ ही बैठे-बैठे

यूँ ही बैठे-बैठे एक ख़याल आया,
कितना बेहतरीन था सब, जब तू मेरे क़रीब आया।

वो क्या महक थी फ़िज़ाओं में, और हसीन सा समा था,
जब मैंने तेरा हाथ थामा, और सीने से लगाया था।

एक कहकशाँ थी उस मोहब्बत में, एक इत्र था उस ख़ुशबू में,
एक नूर था उस चाँदनी रात में,
एक दिल था मेरे सीने में, जब तू मेरे क़रीब आया।

बड़े हताश रहा करते थे, कि कोई हमें भी समझेगा,
उस तरह मोहब्बत करेगा, जिस तरह हम ख़ुद से भी न कर पाए;
शुक्रगुज़ार हैं तुम्हारे, जो तुमने इस बेदिल इंसान को मोहब्बत करना सिखाया।

वीरान सा एक जंगल था ये जीवन, तुम बहार बनकर आए,
मेरी सूखी हुई आँखों में, हसीन ख़्वाब बनकर आए।

जो लफ़्ज़ कभी खामोश थे, वो अब नग़मे सुनाते हैं,
मेरे अंधेरे रास्तों में, तुम महताब (चाँद) बनकर आए।

अब न डर है ज़माने का, न कल की कोई फिक्र है,
मेरी हर दुआ, हर इबादत में, बस तेरा ही ज़िक्र है।
दुनिया ने तो पत्थर समझा था, तुमने तराश कर हीरा बनाया,
मेरी अधूरी सी दास्तान को, तुमने मुकम्मल बनाया।

भटकते रहे दर-ब-दर, सुकूँ की तलाश में हम,
तुम मिले तो धड़कनों को एक नया ठिकाना मिल गया।

तन्हाई की दीवारों पर जो सन्नाटे लिखे थे,
तुम्हारी हँसी से उन्हें एक सुरीला तराना मिल गया।

लोग कहते थे कि पत्थर भी कभी रोया नहीं करते,
तुम्हारी सादगी से इस पत्थर को भी पिघलना आ गया।

ये ज़माना, ये रंजिशें, अब सब पीछे छूट गए,
तेरी बाँहों में मुझे मेरा सारा ज़माना मिल गया।

अब न रातें डराती हैं, न सुबहें बोझ लगती हैं,
तेरी चाहत ने जीने का एक हसीन बहाना दिया।

एक जगह ख़ाली थी

एक जगह ख़ाली थी, मेरे ख़ाली दिल में
फिर तेरा ख़याल जन्मा, उस ख़ाली दिल में

मयस्सर ना था, ख़ालीपन इस दिल को
फिर इस दिल में, तेरी तस्वीर बना डाली
किसी मरने वाले की, आख़िरी निशानी समझ कर
तेरी हर बात, हर अदा सजा डाली, इस ख़ाली दिल में

सोचती हूँ काश हम साथ होते
ऐसी बेख़याली आ जाती है, इस ख़ाली दिल में

इस डर से की, जान ना ले कोई और
तेरे लिये लिखी ग़ज़ल छुपा ली, इस ख़ाली दिल में

जिसे उम्र भर न कोई चिराग़ मिल सका
वो एक शाम तूने जला दी, इस ख़ाली दिल में

शोर दुनिया का अब सुनाई नहीं देता
ऐसी ख़ामोशी तूने सजा दी, इस ख़ाली दिल में

जो ज़ख्म कभी भरे ही नहीं थे वक़्त से
उन यादों की महफ़िल बसा ली, इस ख़ाली दिल में

किसी शोर की अब ज़रूरत नहीं है
एक खामोशी मैंने बसा ली, इस ख़ाली दिल में
ज़माने की नज़रें यहाँ तक न पहुँचें
तेरी याद सबसे छुपा ली, इस ख़ाली दिल में

मुकम्मल तो हम हो न पाए कभी भी
तेरी कमी ही सजा ली, इस ख़ाली दिल में

कई मौसम आए और आकर गए पर
वो एक शाम हमने बचा ली, इस ख़ाली दिल में

ज़माने के तूफ़ान बुझा ना सकेंगे
वो इक शमा तूने जला दी, इस ख़ाली दिल में

जिसे उम्र भर कोई मरहम न मिला था
वो टीस भी हंस के छुपा ली, इस ख़ाली दिल में

यहाँ अब किसी का गुज़र ही नहीं है
तेरी ख़ामोशी ही बसा ली, इस ख़ाली दिल में

जो वादे कभी भी मुकम्मल न होंगे
उनकी भी दुनिया बना ली, इस ख़ाली दिल में

हज़ारों का मेला है बाहर मगर फिर
इक तन्हा सी महफ़िल सजा ली, इस ख़ाली दिल में

एक जगह ख़ाली थी, मेरे ख़ाली दिल में
फिर तेरा ख़याल जन्मा, उस ख़ाली दिल में
मयस्सर ना था, ख़ालीपन इस दिल को
फिर इस दिल में, तेरी तस्वीर बना डाली

किसी मरने वाले की, आख़िरी निशानी समझ कर
तेरी हर बात, हर अदा सजा डाली, इस ख़ाली दिल में

सोचती हूँ काश हम साथ होते
ऐसी बेख़याली आ जाती है, इस ख़ाली दिल में

ज़माने की नज़रें यहाँ तक न पहुँचें
तेरी याद सबसे छुपा ली, इस ख़ाली दिल में

मुकम्मल तो हम हो न पाए कभी भी
तेरी कमी ही सजा ली, इस ख़ाली दिल में

इस डर से की, जान ना ले कोई और
तेंरे लिये लिखी ग़ज़ल छुपा ली, इस ख़ाली दिल में

नया सवेरा

ज़िंदगी की राहों में, कई मोड़ आ जाते हैं
चंद साथ निभाते हैं, चंद छोड़ जाते हैं

वो फ़ैसले लेने भी बड़े मुश्किल थे
जो फ़ैसले दिल को तोड़ जाते हैं

कामयाबी होती उन्हीं की मुक़द्दर है
जो अपने हौसलों से, पहाड़ छू जाते हैं

ना डरना कभी, उन शहरों में जाने से
जिनके रास्ते, अक्सर मुसाफ़िर को निचोड़ जाते हैं

ज़िंदगी की राहें कब किसके साथ थीं
कामयाब हुए वही, जो राहें मोड़ जाते हैं

जो रातों की नींदें गँवा कर बढ़ते हैं
वही सूरज बनकर, दुनिया को जगाते हैं

मंज़िल मिले ना मिले ये अलग बात है
जो चलते रहते हैं, वही निशां छोड़ जाते हैं

समंदर की लहरों से वो नहीं डरते
जो कश्ती अपनी, तूफ़ानों में ले जाते हैं

पीछे मुड़कर देखने से क्या हासिल होगा
वो मंज़र अक्सर, पाँव की रफ़्तार रोक जाते हैं

गुज़रे कल की धूल को पलकों पे न सजा,
ये धुंधले साये, मंज़िल का द्वार रोक जाते हैं।

जो बीत गया वो किस्सा था, उसे वहीं रहने दो,
खिड़की खोलो, नई हवाओं को अब बहने दो।

टूटी कश्ती का गम करोगी तो पार कैसे लगोगी?
भँवर के डर तो पतवार की धार रोक जाते हैं।

उठो कि सूरज की किरणों ने तुम्हें पुकारा है,
सामने खड़ा देखो, जीत का एक नज़ारा है।

पीछे मुड़कर देखने से क्या हासिल होगा,
वो मंज़र अक्सर, पाँव की रफ़्तार रोक जाते हैं।

गुज़रे कल की धूल को पलकों पे न सजा,
ये धुंधले साये, मंज़िल का द्वार रोक जाते हैं।

जो बीत गया वो राख है, उसे हवा में बह जाने दो,
मशालें नई जलाओ, खुद को नया रास्ता पाने दो।

यादों के पिंजरे में कैद रहोगे अगर तुम,
तो खुले आसमान के ऊँचे ख़्वाब खो जाते हैं।

जख्मों को कुरेदने से दर्द ही तो मिलेगा,
मल्हम लगा उम्मीद का, तभी तो चमन खिलेगा।

ठहरे हुए पानी में कभी रवानी नहीं होती,
जो रुक जाए राह में, वो कहानी नहीं होती।

कदम बढ़ाओ कि वक्त की पुकार आई है,
अंधेरी रात के बाद ही, खिली हुई धूप छाई है।

यूँ ही बैठे-बैठे दिल की बात

एक शेर ज़हन में आया है, आओ तुमको सुना दूँ,
क्या हो तुम आख़िर मेरे लिए, आज खुलकर बता दूँ।

सिर्फ़ एक नाम नहीं हो तुम, एक एहसास हो गहरा,
मेरी हर धड़कन की खामोशी में छिपा एक राज़ बता दूँ।

बैठे हो तुम सामने मेरे, और ठहरी हूँ मैं यूँ,
ख़ामोश निगाहों से जाने कितने ख़्वाब बुनती हूँ मैं यूँ।

हर लम्हा तुम्हारी सूरत को दिल में सजाती जाती हूँ,
सांसों की धीमी सरगम पर अपनी दुनिया रचती हूँ मैं यूँ।

अक्सर तुम्हारे ख़्वाबों में आकर चुपके से मुस्काती हूँ,
तुम्हारी नींद की सिलवटों में अपना नाम लिख जाती हूँ।

तुम अनजान बने रहते हो मेरे इन मासूम इरादों से,
मैं चाँद बनकर रातों में तुम्हारे सिरहाने ठहर जाती हूँ।

तुम बस हाथ पकड़ कर मेरा, एक सच्चा वादा तो करो,
साथ निभाने का, हर मोड़ पर मेरा इरादा तो करो।

फिर देखो, मैं अपनी हदों से आगे भी बढ़ जाऊँगी,
तुम्हारी हर मुश्किल में ढाल बनकर मुस्कराऊँगी।

यूँ ही बैठे-बैठे जो दिल की बात अधूरी लगती थी,
आज शब्दों में ढलकर जैसे पूरी सी लगती थी।

तुम हो तो ये दुनिया भी कुछ और हसीन लगती है,
वरना हर भीड़ में भी ये रूह तन्हा सी लगती थी।
अगर तुम चाहो तो ये ग़ज़ल मुकम्मल कहानी बन जाए,
दो दिलों की खामोश दास्ताँ सदा के लिए रवानी बन जाए।

बस तुम एक बार मुस्कुरा दो मेरी इन बातों पर,
ये यूँ ही बैठे-बैठे वाली शाम ज़िंदगी की निशानी बन जाए।

तुमसे जुड़ी हर याद अब इबादत सी लगती है,
तुम्हारे बिना हर ख़ुशी भी शिकायत सी लगती है।

मेरी हर दुआ में अब सिर्फ़ तेरा नाम रहता है,
हर सुबह की रौशनी में तेरा ही पैग़ाम रहता है।

अगर तुम साथ हो तो राहें भी आसान लगती हैं,
वरना मंज़िलें भी दूर और वीरान लगती हैं।

तुम्हारी आँखों में अपना अक्स जो देख लेती हूँ,
तो खुद से भी ज़्यादा तुम्हें महसूस कर लेती हूँ।

ये मोहब्बत कोई शोर नहीं, एक गहरी ख़ामोशी है,
जो रूह से रूह तक जाती है, यही इसकी सच्ची रोशनी है।

यूँ ही बैठे-बैठे ये शाम कहानी बन गई,
दो दिलों की ख़ामोश धड़कनों की ज़ुबानी बन गई।

अब ये ग़ज़ल सिर्फ़ अल्फ़ाज़ नहीं रही,
मेरी रूह की सबसे सच्ची निशानी बन गई।

इक़रार के बाद

हो गई मोहब्बत फ़क़त एक दीदार के बाद,
बस गए हो दिल में तुम, इक़रार के बाद।

एक झलक ने जैसे किस्मत की लकीर बदल दी,
रूह ने पहचान लिया तुम्हें पहली बार के बाद।

सोचिए, बेवफ़ाई पर यह आलम है दिल का,
फट जाती है ख़ुशी से रूह, इक़रार के बाद।

धड़कनों की रफ़्तार भी कुछ और हो जाती है,
जब कोई अपना कह दे हमें प्यार के बाद।

मेरा नहीं रहा यह दिल, अब आप चाहे जैसे सँभालें,
जो करना हो करें आप मेरे दिल का, इस इख़्तियार के बाद।

मैंने तो सौंप दी है इसकी हर एक चाबी आपको,
अब शिकायत कैसी रहे इस ऐतबार के बाद।

मोहब्बत अजीब नहीं, समझो तो नेमत है,
आ गया जीने का तरीक़ा, हमें प्यार के बाद।

सूनी राहों में भी अब फूल खिलने लगते हैं,
जब मिल जाता है कोई दिलदार के बाद।

हर शाम सजी है अब तुम्हारे ख़्यालों से,
हर सुबह में चमक है तुम्हारे इंतज़ार के बाद।

आँखों में ठहर जाती है तुम्हारी ही सूरत,
हर आईने में दिखते हो तुम, दीदार के बाद।
ना जाने कहाँ गया वो जो कभी लौटा नहीं,
मेरे लाख बुलाने, मेरी लाख पुकार के बाद।

शायद क़िस्मत को मंज़ूर न था साथ हमारा,
या टूट गया था रिश्ता किसी दीवार के बाद।

अब भी कभी हवा तुम्हारा नाम कह जाती है,
और दिल धड़क उठता है हर बार के बाद।

मोहब्बत की दास्ताँ अधूरी सही मगर,
उसका असर रहता है उम्र भर, हर हार के बाद।

इक़रार ने जो रंग भरे थे ज़िंदगी में,
वो फीके नहीं पड़ते इन्कार के बाद।

मोहब्बत मिटती नहीं यूँ ही किसी से,
वो बस बदल जाती है इंतज़ार के बाद।
कभी लगता है तुम पास ही कहीं हो,
बस आवाज़ दूँ और मिल जाओ पुकार के बाद।
कभी लगता है सब ख़्वाब था शायद,
जो टूट गया सुबह की एक फुहार के बाद।

इक़रार ने जो रंग भरे थे ज़िंदगी में,
वो फीके नहीं पड़ते इन्कार के बाद।

मोहब्बत मिटती नहीं यूँ ही किसी से,
वो बस गहरी हो जाती है इंतज़ार के बाद।

अब ये दिल समझौता भी कर लेता है हालातों से,
थक जाता है रोते-रोते हर हार के बाद।

मगर एक कोना अब भी रोशन है तेरे नाम से,
जो बुझता नहीं किसी भी अँधियार के बाद।

अगर कभी लौट आओ तुम किसी मोड़ पर,
तो थाम लूँगा फिर से तुम्हें उस इज़हार के बाद।

क्योंकि मोहब्बत का सफ़र ख़त्म कहाँ होता है,
वो फिर से शुरू हो जाता है हर एक करार के बाद।

आपकी आवाज़ का असर

आपकी आवाज़ से यह असर होता है,
जैसे दीवानों पर कोई जादू का असर होता है।

हर लफ़्ज़ आपका दिल में उतर जाता है यूँ,
जैसे सूखी ज़मीन पर पहली बारिश का असर होता है।

आपकी बातों की नरमी में एक अजीब-सी गर्माहट है,
जो सर्द रातों में भी रौशनी का सफ़र होता है।

सिर्फ़ नाम लेते ही आपका, दिल मुस्कुरा उठता है,
जैसे ख़ामोशी में छुपा कोई साज़ बेअसर होता है।

एक जगह मिलते हैं हम दोनों अक्सर,
वही जो मेरे ख़्वाबों का नगर होता है।

जहाँ वक्त ठहर जाता है कुछ पल के लिए,
और हर लम्हा सुनहरा सा मुकम्मल सफ़र होता है।

वहाँ न कोई शिकवा, न कोई सवाल रहता है,
बस आपका साथ ही मेरा मुक़द्दर होता है।

हकीकत से दूर सही, मगर सच्चा लगता है,
क्योंकि उस शहर में हर ख़्वाब बेख़ौफ़ बेअसर होता है।

अपनी दीवानगी पर एक और करम कर दीजिए,
दे दो दीदार, अब और सब्र नहीं होता है।

दिल की धड़कनें भी बेकाबू हो जाती हैं,
जब आपकी यादों का समंदर उमड़ता है।

वो पूछें तो मुस्कुरा जाती हूँ सामने,
मगर दिल में हलचल का समंदर होता है।

उनके ना होने पर हर चीज़ अधूरी लगती है,
और कमरा भी जैसे वीरान-सा घर होता है।

वो रहें साथ तो हर मौसम लगे सुहाना मुझको,
हर दिन जैसे ईद और हर रात दीवाली सा असर होता है।

वो ना रहें तो धूप भी चुभने लगती है,
और चाँदनी में भी अँधेरों का डगर होता है।

आपकी मौजूदगी से दुनिया रंगीन लगती है,
वरना हर रंग फीका और बेसबर होता है।
आपकी ख़ामोशी भी कहानी कह जाती है,
जिसमें मोहब्बत का हर लफ़्ज़ बेख़बर होता है।

ये इश्क़ शायद मेरी आदत बन गया है,
जिसका हर ख्वाब आपसे शुरू, आप पर ही मुक़र्रर होता है।

आपकी आवाज़ से यह असर होता है,
कि हर दर्द भी मीठा-सा सफ़र होता है।

आपकी आवाज़ से यह असर होता है,
जैसे दीवानों पर कोई जादू का असर होता है।

हर लफ़्ज़ आपका दिल में उतर जाता है यूँ,
जैसे सूखी ज़मीन पर पहली बारिश का असर होता है।

आपकी बातों की नरमी में एक अजीब-सी गर्माहट है,
जो सर्द रातों में भी रौशनी का सफ़र होता है।

सिर्फ़ नाम लेते ही आपका, दिल मुस्कुरा उठता है,
जैसे ख़ामोशी में छुपा कोई साज़ बेअसर होता है।

एक जगह मिलते हैं हम दोनों अक्सर,
वही जो मेरे ख़्वाबों का नगर होता है।

जहाँ वक्त ठहर जाता है कुछ पल के लिए,
और हर लम्हा सुनहरा-सा मुकम्मल सफ़र होता है।

अपनी दीवानगी पर एक और करम कर दीजिए,
दे दो दीदार, अब और सब्र नहीं होता है।

दिल की धड़कनें भी बेक़ाबू हो जाती हैं,
जब आपकी यादों का समंदर उमड़ता है।

वो पूछें तो मुस्कुरा जाती हूँ सामने,
मगर दिल में हलचल का समंदर होता है।

उनके ना होने पर हर चीज़ अधूरी लगती है,
और कमरा भी जैसे वीरान-सा घर होता है।

वो रहें साथ तो हर मौसम लगे सुहाना मुझको,
हर दिन जैसे ईद, हर रात उजला सा असर होता है।

वो ना रहें तो धूप भी चुभने लगती है,
और चाँदनी में भी अँधेरों का डगर होता है।

आपकी मौजूदगी से दुनिया रंगीन लगती है,
वरना हर रंग फीका और बेसबर होता है।

आपकी ख़ामोशी भी कहानी कह जाती है,
जिसमें मोहब्बत का हर लफ़्ज़ बेख़बर होता है।

जब कभी थक कर बैठती हूँ ज़िंदगी की राहों में,
आपकी आवाज़ ही मेरा हमसफ़र होता है।

भीड़ में भी तन्हाई कम लगने लगती है,
जब कानों में आपका मीठा-सा ज़िक्र होता है।

आपकी हँसी में जैसे कोई दुआ छिपी रहती है,
जो हर दर्द पर मरहम-सा असर होता है।
आपकी झिड़की भी प्यारी लगती है मुझको,
क्योंकि उसमें भी अपनापन भरपूर होता है।

कभी यूँ ही खामोश रहकर नाम पुकार लेते हो,
तो दिल में जैसे रौशनी का समंदर होता है।

आपकी एक "कैसे हो?" में सुकून बसता है,
जैसे सारी दुनिया का हासिल उसी में मुक़र्रर होता है।

रात गहराती है तो यादें और साफ़ हो जाती हैं,
हर सन्नाटा जैसे आपका पैग़ामबर होता है।

तकिये पर सिर रखूँ तो लगता है यूँ,
जैसे आपकी बाँहों का ही बिस्तर होता है।

ये मोहब्बत शायद लफ़्ज़ों की मोहताज नहीं,
ये तो रूह से रूह तक का सफ़र होता है।

आपकी आवाज़ से यह असर होता है,
कि हर दर्द भी मीठा-सा सफ़र होता है।

और सच कहूँ—
आप बोलते रहिए यूँ ही उम्र भर,
मेरे लिए यही सबसे बड़ा हुनर होता है।

हाँ, कोई है...

हाँ, कोई है जो आज भी तुमसे बेतहाशा मोहब्बत करती है,
जो अपनी हर बात में तुम्हारा ही ज़िक्र करती है।

जिसकी हर दुआ में बस तुम्हारा नाम शामिल है,
जो हर ख़्वाब में तुम्हारी ही तस्वीर भरती है।

हाँ, कोई है जो भीड़ में रहती है मगर गुमसुम-सी रहती है,
जब अकेली होती है तो चुपचाप रो पड़ती है।

हँसती है सबके सामने, मगर दिल में सन्नाटा होता है,
तुम्हारी याद का एक कोना हर वक़्त आबाद रहता है।

हाँ, कोई है जो आज भी तुमसे उतना ही डरती है,
मगर प्यार आज भी उतना ही करती है।

इज़हार से घबराती है, इनकार से काँप जाती है,
फिर भी हर धड़कन तुम्हारे नाम पर ही धड़कती है।

हाँ, कोई है जो आज भी तुम्हारा हाथ अपने हाथ में पकड़े महसूस करती है,
ख़ामोश लम्हों में तुम्हारी गर्माहट तलाश करती है।

हवा का हल्का-सा झोंका भी तुम्हारा एहसास दे जाता है,
और वो उसी एहसास में पल भर को ठहर जाती है।

हाँ, कोई है जो आज भी तुम्हारी उतनी ही परवाह करती है,
तुम्हारी छोटी-सी तकलीफ़ पर भी बेचैन हो उठती है।

तुम्हारी ख़ुशी को अपनी जीत समझती है,
तुम्हारे ग़म को अपना नसीब समझती है।
हाँ, डरती हूँ कुछ कहने को,
जो भी बातें दिल में मेरे हैं, उन्हें बहने दो।

ये लफ़्ज़ बरसात की तरह उमड़ते हैं भीतर,
आज इन्हें ख़ामोशी की दीवारें न सहने दो।

हाँ, कोई है जो रातों को जागकर तुम्हें याद करती है,
तारों से तुम्हारा हाल पूछती है।

चाँद से कहती है—
अगर वो जाग रहे हों तो मेरा सलाम कहना।

हाँ, कोई है जो तुम्हारी एक मुस्कान पर मर मिटती है,
जो तुम्हारी एक नज़र से ही सँवर जाती है।

तुम्हारे होने से दुनिया आसान लगती है,
तुम्हारे ना होने से हर राह बिखर जाती है।

हाँ, कोई है जो आज भी वहीं खड़ी है,
जहाँ तुमने उसे आख़िरी बार देखा था।

वक़्त आगे बढ़ गया, लोग बदल गए,
मगर उसका दिल अब भी तुम्हारे नाम पर ही ठहरा है।

हाँ, कोई है...
जो शायद कभी खुलकर कह न पाए,
मगर उसकी हर ख़ामोशी तुम्हें पुकारती है।

जो आज भी तुमसे बेतहाशा मोहब्बत करती है...
और शायद उम्र भर करती रहेगी

हाँ, कोई है जो आज भी तुमसे बेतहाशा मोहब्बत करती है,
जो अपनी हर बात में तुम्हारा ही ज़िक्र करती है।

जिसकी हर दुआ में बस तुम्हारा नाम शामिल है,
जो हर ख़्वाब में तुम्हारी ही तस्वीर भरती है।

हाँ, कोई है जो भीड़ में रहती है मगर गुमसुम-सी रहती है,
जब अकेली होती है तो चुपचाप रो पड़ती है।

हँसती है सबके सामने, मगर दिल में सन्नाटा होता है,
तुम्हारी याद का एक कोना हर वक़्त आबाद रहता है।

हाँ, कोई है जो आज भी तुमसे उतना ही डरती है,
मगर प्यार आज भी उतना ही करती है।

इज़हार से घबराती है, इनकार से काँप जाती है,
फिर भी हर धड़कन तुम्हारे नाम पर ही धड़कती है।

हाँ, कोई है जो आज भी तुम्हारा हाथ अपने हाथ में पकड़े महसूस करती है,
ख़ामोश लम्हों में तुम्हारी गर्माहट तलाश करती है।

हवा का हल्का-सा झोंका भी तुम्हारा एहसास दे जाता है,
और वो उसी एहसास में पल भर को ठहर जाती है।

हाँ, कोई है जो आज भी तुम्हारी उतनी ही परवाह करती है,
तुम्हारी छोटी-सी तकलीफ़ पर भी बेचैन हो उठती है।

तुम्हारी ख़ुशी को अपनी जीत समझती है,
तुम्हारे ग़म को अपना नसीब समझती है।

हाँ, डरती हूँ कुछ कहने को,
जो भी बातें दिल में मेरे हैं, उन्हें बहने दो।
ये लफ़्ज़ बरसात की तरह उमड़ते हैं भीतर,
आज इन्हें ख़ामोशी की दीवारें न सहने दो।

हाँ, कोई है जो हर शाम तुम्हारे नाम की दीप जलाती है,
और बुझते उजालों में भी तुम्हें ढूँढ लाती है।

खिड़की से झाँककर राहें तकती रहती है,
जैसे तुम किसी मोड़ से अभी लौट आओगे।

हाँ, कोई है जो हर त्योहार में अधूरी-सी रहती है,
भीड़ में मुस्कुराती है, मगर अंदर से चुप रहती है।

तुम्हारे बिना रंग भी फीके लगते हैं,
जैसे होली में भी गुलाल कम पड़ जाता है।

हाँ, कोई है जो तुम्हारी आवाज़ को अब भी सँभाल कर रखती है,
पुराने मैसेजों में अपना सुकून तलाश करती है।

एक "कैसे हो?" पढ़कर भी दिल धड़क उठता है,
जैसे बरसों बाद कोई अपना दरवाज़ा खटखटाता है।

हाँ, कोई है जो तुम्हारी गलती पर भी नाराज़ नहीं होती,
बस ख़ामोश होकर तुम्हें और याद करती है।

तुम्हारे हर फ़ैसले को सिर झुकाकर मान लेती है,
मगर अंदर ही अंदर ख़ुद से लड़ती रहती है।

हाँ, कोई है जो अब भी वही है—
न कम हुई मोहब्बत, न बदला एहसास।

वक़्त ने उसे मज़बूत ज़रूर कर दिया,
मगर तुम्हारे सामने आज भी हो जाती है उदास।
हाँ, कोई है जो दुआ करती है—
अगर तुम्हें उसकी ज़रूरत कभी पड़े,

तो किस्मत उसे वहीं ले आए
जहाँ तुम्हारी नज़र उसे ढूँढे।

हाँ, कोई है...
जो शायद तुम्हारी ज़िंदगी की कहानी में एक पन्ना भर हो,
मगर तुम उसकी पूरी किताब हो।

जो शायद तुम्हारे लिए एक याद हो,
मगर उसके लिए तुम आज भी उसकी पूरी दुनिया हो।

हाँ, कोई है...
जो अब भी तुमसे बेतहाशा मोहब्बत करती है,

ख़ामोशी से, दूर रहकर,
मगर सच्चे दिल से... उम्र भर के लिए।

तुमसे मिलकर

यह शायराना अंदाज़ मेरा
तुमसे मिलकर आया है,
जो लफ़्ज़ कभी ख़ामोश थे,
उन्हें भी सुर तुमसे मिलकर आया है।

मेरे कुछ अधूरे ख़्वाब अब
तुमसे मिलने आए हैं,
जो बिखरे पड़े थे राहों में,
वो भी सँवरने आए हैं।

तुम्हारे लिए ख़ुद को सँवारने की चाहत
मेरे दिल में आई है,
आईने से अब रोज़ मुलाक़ात
तुमसे मिलकर भाई है।

मुझे मोहब्बत का एहसास
तुमसे मिलकर आया है,
वरना दिल तो धड़कता था पहले भी,
मगर जीना तुमसे मिलकर आया है।

यह भरोसा भी मुझे
तुमसे मिलकर आया है,
कि कोई बिना शर्त भी अपना हो सकता है,
ये यक़ीन तुमसे मिलकर आया है।

और नहीं की हमने कभी सच्ची मोहब्बत,
मगर तुमसे मिलना कुछ वैसा ही लगता है।
जैसे बरसों से सूखी ज़मीन पर
पहली बारिश का होना लगता है।
इस बात पर ध्यान दिया हमने
तुमसे मिलने के बाद,
कि तन्हाई भी अच्छी लगने लगी
जब बसता है कोई दिल के साथ।

जैसे अँधेरे में किसी के साथ का एहसास
तुमसे मिलकर आया,
जैसे खोई हुई राहों को
अचानक कोई रास्ता मिल पाया।

तुमसे मिलकर समझ आया
कि मुस्कुराहट भी इबादत होती है,
और किसी की परवाह करना
सबसे बड़ी दौलत होती है।

तुमसे मिलकर जाना हमने
कि सुकून भी एक रिश्ता है,
जो बिना नाम के भी
दिल से दिल तक चलता है।

अब हर शेर में तुम्हारी झलक है,
हर ग़ज़ल में तुम्हारा नाम है,
मेरी हर कहानी का पहला पन्ना
बस तुमसे ही तमाम है।

तुमसे मिलकर जाना हमने
कि अधूरापन भी खूबसूरत होता है,
अगर उसे पूरा करने वाला
कोई ख़ास इंसान होता है।

ये जो दिल अब बेवजह धड़कता है,
ये जो आँखें यूँ ही चमकती हैं,
ये जो रूह में हल्की-सी रौशनी है—
ये सब तुमसे मिलकर आया है।

यह शायराना अंदाज़ मेरा
तुमसे मिलकर आया है,
जो लफ़्ज़ कभी ख़ामोश थे,
उन्हें भी सुर तुमसे मिलकर आया है।

मेरे कुछ अधूरे ख़्वाब अब
तुमसे मिलने आए हैं,
जो बिखरे पड़े थे राहों में,
वो भी सँवरने आए हैं।

तुम्हारे लिए ख़ुद को सँवारने की चाहत
मेरे दिल में आई है,
आईने से अब रोज़ मुलाक़ात
तुमसे मिलकर भाई है।

मुझे मोहब्बत का एहसास
तुमसे मिलकर आया है,
वरना दिल तो धड़कता था पहले भी,
मगर जीना तुमसे मिलकर आया है।

यह भरोसा भी मुझे
तुमसे मिलकर आया है,
कि कोई बिना शर्त भी अपना हो सकता है,
ये यक़ीन तुमसे मिलकर आया है।

तुमसे मिलकर जाना मैंने
कि इंतज़ार भी मीठा होता है,
जब किसी की आहट पर
दिल यूँ ही बेचैन-सा होता है।
तुमसे मिलकर सीखा मैंने
कि खामोशी भी बोलती है,
दो नज़रों का मिलना ही
कई दास्ताँ खोलती है।

पहले जो शामें लंबी लगती थीं,
अब पल में ढल जाती हैं,
तुमसे दो बातें क्या हो जाएँ,
सारी थकान निकल जाती है।

तुमसे मिलकर समझ आया
कि ख़ुद से प्यार करना ज़रूरी है,
क्योंकि किसी का साथ पाने से पहले
ख़ुद की पहचान अधूरी है।

अब हर रास्ता आसान लगे,
हर मंज़िल करीब-सी लगती है,
तुम्हारी हिम्मत साथ हो तो
हर मुश्किल भी अजीब-सी लगती है।

तुमसे मिलकर जाना हमने
कि दुआएँ सच भी होती हैं,
कभी-कभी रब की रहमतें
इंसानों के रूप में मिलती हैं।

अब डर भी कम लगने लगा है,
रातें भी कम स्याह लगती हैं,
तुम्हारी याद की एक शमा से
सारी तन्हाइयाँ राह लगती हैं।

ये जो दिल में नई-सी रोशनी है,
ये जो रूह में सुकून का घर है,
ये जो हर लफ़्ज़ में मिठास घुली है—
ये सब तुम्हारा ही असर है।

अगर कभी ये वक़्त बदल भी जाए,
और राहें जुदा हो जाएँ,
फिर भी मेरी हर दुआ में
तुम्हारा नाम सबसे पहले आए।

क्योंकि सच यही है—
मेरी शायरी की हर शुरुआत,
मेरी मुस्कान की हर वजह,
मेरी ज़िंदगी की हर नई बात...
सब तुमसे मिलकर आया है।

बयां रह गया

चलो माना गलती हमारी थी,
मगर मुझे समझने, मुझे सुधारने का मौका तो देते।
चलो माना गलती हमारी थी,
मगर तुम्हें जाने की इतनी क्या जल्दी थी?

कुछ अल्फ़ाज़ लिखे थे तुम्हारी ख़ूबसूरती पर,
मगर कभी बयां ना कर पाई।
तुम्हें जाने की इतनी जल्दी थी,
कि हम अफ़सोस भी ना कर पाए।

चलो माना गलती हमारी थी,
मगर तुम भी तो हमारे थे।

होंगी लाख कमियां मुझमें,
वो तो औरों को भी दिखती हैं।
मगर जो था तुम्हारे लिए, उसे तो तुम नज़रअंदाज़ कर बैठे,
चलो माना गलती हमारी थी, मगर क्या तुम सच्चे थे?

किस्से हमारी वफ़ा के मशहूर थे हर गली में,
मगर तुम ही मेरी वफ़ा से अनजान रहे।

चलो माना गलती हमारी थी,
पर क्या तुम अपनी बेवफाई से अंजान रहे?

कुछ यादें आज भी पलकों पर ठहर जाती हैं,
तुम्हारे दिए जख्म अब भी गहरे नज़र आते हैं।
माना कि मेरा प्यार तुम्हें बोझ लगा होगा,
पर हम तो आज भी उस बोझ को इबादत समझते हैं।

बदली नहीं है फितरत मेरी आज भी वही है,
सिर्फ अब तुम्हें पुकारने का हक़ खो बैठे हैं।
चलो माना गलती हमारी थी,
मगर तुम भी तो चुपचाप सब खो बैठे हैं।

वो जो कसमें खाई थीं तुमने साथ निभाने की,
क्या वो भी मेरी किसी गलती की भेंट चढ़ गईं?
चलो माना गलती हमारी थी,
मगर निभाने की कोशिश तो तुम भी कर सकते थे।

मेरी खामोशी को तुमने मेरी रज़ा समझ लिया,
मेरे दिल के तूफान को बस एक हवा समझ लिया।
माना कि बयां करना मेरी फितरत में न था,
मगर क्या तुम मेरी आँखों की नमी भी न पढ़ सके?

अब तो बस यादों के दीये जलाए बैठे हैं,
एक तरफा वफ़ा की उम्मीद लगाए बैठे हैं।
चलो माना गलती हमारी थी जो तुम पर यकीन किया,
मगर क्या तुम भी खुद को बेगुनाह कह सकोगे?

वक़्त बदला, तुम बदले, और बदल गई दुनिया,
बस एक हम हैं जो आज भी वहीं खड़े हैं।
चलो माना गलती हमारी थी जो आगे न बढ़ सके,
मगर क्या तुम हमें पीछे छोड़कर वाकई खुश हो?

धुंधली पुकार

तेरी आँखों में जो धुंधली-सी रोशनी रहती है,
वही मेरी रातों की तन्हाई को चुप कराती है।

सड़कें सुनसान हों या भीड़ का समंदर हो,
तेरी याद हर जगह अपना शहर बसाती है।

मैंने चाहा था कि ख़ुद को तुझसे बचा लूँ,
पर तेरी ख़ामोशी भी मुझे पुकारती है।

कभी बारिश में भीगते हुए तेरा नाम लिया,
तो लगा जैसे हवा भी मुझे गले लगाती है।

तेरे जाने के बाद भी ये दिल खाली नहीं,
तेरी परछाई हर कोने में ठहर जाती है।

कभी ख़्वाबों में तेरा चेहरा धुंधला पड़ जाए,
तो सुबह की धूप उसे फिर से सजाती है।

ये जो परिंदे शाम को घर लौट आते हैं,
शायद तेरी ही कोई खबर साथ लाती है।

तुझे भुलाने की कोशिशें तो बहुत कीं मैंने,
मगर ये दिल्लगी हर बार मात खाती है।

आईने से अब घंटों गुफ़्तगू करता हूँ मैं,
उसमें भी अब तेरी ही सूरत नज़र आती है।
ज़माना कहता है कि वक़्त हर ज़ख्म भर देगा,
पर ये तसल्ली मुझे और भी रुलाती है।

वो पुरानी चिट्ठियां जो संदूक में दबी थीं,
आज भी पन्नों से तेरी खुशबू महकाती है।

किसी अजनबी की आहट भी गर सुनाई दे,
तो धड़कनें बेफ़िज़ूल ही शोर मचाती हैं।

सोचा था कि वक्त के साथ फासले बढ़ेंगे,
मगर हर दूरी अब तुझसे ही मिलाती है।

मेरी तन्हाइयों का अपना ही एक आलम है,
जहाँ तेरी यादें ही महफ़िल सजाती हैं।

सितारों की चमक में भी अब तेरा अक्स है,
रात की खामोशी भी अब लोरी सुनाती है।

जब कभी थक कर हार जाता हूँ दुनिया से,
तेरी दी हुई हिम्मत ही मुझे चलना सिखाती है।

वो पुरानी चिट्ठियां जो संदूक में दबी थीं,
आज भी पन्नों से तेरी खुशबू महकाती है।

किसी अजनबी की आहट भी गर सुनाई दे,
तो धड़कनें बेफ़िज़ूल ही शोर मचाती हैं।

सोचा था कि वक्त के साथ फासले बढ़ेंगे,
मगर हर दूरी अब तुझसे ही मिलाती है।

मेरी तन्हाइयों का अपना ही एक आलम है,
जहाँ तेरी यादें ही महफ़िल सजाती हैं।

सितारों की चमक में भी अब तेरा अक्स है,
रात की खामोशी भी अब लोरी सुनाती है।

जब कभी थक कर हार जाता हूँ दुनिया से,
तेरी दी हुई हिम्मत ही मुझे चलना सिखाती है।

वो जो दरख़्तों के साये ज़मीं पर बिछ जाते हैं,
मुझे लगता है तेरी बाहें मुझे बुलाती हैं।

आईने के सामने जब भी संवरता हूँ मैं,
तेरी पसंद ही अब मेरा रूप सजाती है।

तमाम उम्र की मसरूफियत भी कम न हुई,
मगर तेरी एक याद सब भुला कर ले जाती है।

शाम की ढलती हुई लाली को जब देखता हूँ,
तेरी हँसी मेरे ज़हन में घर बनाती है।

लोग पूछते हैं कि तुम तन्हा क्यों रहते हो,
उन्हें क्या पता तेरी परछाईं मेरा साथ निभाती है।

ख़ुद से पहले

मैंने उसकी आँखें चूमी हैं,
उसके होठों से पहले।

मैंने उसके जज़्बात छुए हैं,
उसके जिस्म से पहले।

मैंने उसको संवारा,
ख़ुद के बर्बाद होने से पहले।

मैंने हमेशा उसको रखा,
ख़ुद से पहले।

भूल बस इतनी सी थी मेरी,
कि मैंने मंज़िलों का सोचा, रास्तों से पहले।

मैंने उसकी खामोशियाँ पढ़ीं,
उसके अल्फाज़ों से पहले।

उसकी हर मुश्किल को अपना बनाया,
अपनी खुशियों से पहले।

चाहा था एक आशियाना उसके साथ,
हकीकत के तकाज़ों से पहले।

अब ठहर कर सोचता हूँ तो ये मलाल है,
कि काश! ख़ुद से मोहब्बत की होती, उससे पहले।
मैंने उसकी उदासी को पी लिया,
अपनी प्यास बुझाने से पहले।

मैंने उसके सपनों को हकीकत दी,
अपनी नींद सजाने से पहले।

चाहा था कि उस तक पहुँचने का रास्ता छोटा हो,
मगर सफर खत्म हो गया, मंज़िल आने से पहले।

आज आईने में खुद को देखूँ तो पराया सा लगता हूँ,
क्योंकि मैंने उसे पा लिया था, खुद को पाने से पहले।

मैंने उसकी खामोशियों को लफ्ज़ दिए,
अपनी जुबां खोलने से पहले।

उसकी हर एक लकीर को अपनी हथेली पर रखा,
अपनी किस्मत टटोलने से पहले।

मैंने उसके आँसुओं का बोझ उठाया,
अपनी पलकों को भिगोने से पहले।

चाहा था कि उसके दामन में सारी खुशियाँ भर दूँ,
अपनी झोली फैलाने से पहले।

मैंने उसकी ढलती शामों को सहर (सुबह) बनाया,
अपने अंधेरों को मिटाने से पहले।

अब खाली हाथ बैठा हूँ साहिल पर, क्योंकि—
मैंने कश्ती उसकी पार लगाई, खुद डूबने से पहले।

अब वो शख्स मेरा अक्स भी पहचानता नहीं,
जिसे मैंने 'अपना' माना था, खुद को जानने से पहले।

सच्चाई का आइना

तेरी हँसी का असर इतना गहरा है कि,
मेरे टूटे हुए लम्हों को भी नया रंग दिलाती है।

मैंने जाना है तेरे बिना भी जीना मुश्किल,
जैसे साँसें बिना वजह ही थम जाती हैं।

तेरी बातों में जो सादगी छुपी रहती है,
वही मेरी कविताओं को अर्थ दिलाती है।

कभी सोचती हूँ कि तुझसे मोहब्बत क्यों की,
फिर जवाब तेरी आँखों से ही मिल जाता है।

तेरे जाने का ग़म अब आदत-सा हो गया,
जैसे हर दर्द में तेरी याद मुस्कुराती है।

ये ग़ज़ल तेरे नाम की ख़ुशबू से महकती है,
तेरी मौजूदगी ही मेरी सच्चाई बताती है।

मैंने अक्सर खुद को खोया है तेरी तलाश में,
पर तेरी एक झलक मुझे खुद से मिलाती है।

दुनिया की शोर-शराबे में जब थक जाती हूँ,
तेरी यादों की चादर ही मुझे सुलाती है।

वो जो एक अनकहा रिश्ता है हमारे दरमियां,
वही खामोशी अब सबसे हसीन गीत सुनाती है।
चाहे कितने भी फासले हों हमारे बीच मगर,
तेरी दुआ ही मेरी मंजिल का रास्ता दिखाती है।

ये जो अधूरे ख़्वाब आँखों में पलते हैं,
तेरी एक मुस्कान इन्हें हकीकत बनाती है।

अंधेरों से अब डर नहीं लगता मुझे,
तेरी यादों की लौ हर रास्ता रोशन कर जाती है।

लिखना तो बस एक बहाना है तुझसे बात करने का,
वरना कलम तो बस पन्नों पर बोझ बढ़ाती है।

जब कभी आईने में खुद को नहीं पहचान पाती,
तेरी रूह की झलक मुझे मुझ तक पहुँचाती है।

ज़माना लाख कोशिशें करे हमें जुदा करने की,
पर धड़कन हर बार तेरा ही नाम दोहराती है।

जैसे फूलों के लिए खुश्बू ज़रूरी है 'मुसाफ़िर',
वैसे ही तेरी मौजूदगी मेरी ज़िन्दगी महकाती है।

अस्तित्व का प्रश्न

मैंने तुझसे मोहब्बत की, पर सवाल ये है—
क्या मोहब्बत में बराबरी कभी होती है?

तेरी आँखों से जवाब मिला, पर मेरा सवाल कहाँ गया?
क्या औरत के सवाल हमेशा खो जाते हैं?

तेरे नाम की ख़ुशबू से ग़ज़ल महकती है,
पर क्या मेरी पहचान सिर्फ़ तेरे नाम से है?

तेरी मौजूदगी मेरी सच्चाई बताती है,
पर क्या मेरी सच्चाई तेरे बिना झूठ है?

मैंने अपनी ख़्वाहिशें तेरे सपनों में क्यों रख दीं,
क्या औरत की चाहत हमेशा किसी और की होती है?

तेरे साये में जीना आसान लगता है,
पर क्या मेरी रोशनी तेरे बिना कभी जलती है?

मैं तेरे वजूद का हिस्सा तो बन गई,
पर क्या मेरा अपना भी कोई वजूद बाकी है?

तूने तो मेरा हाथ थाम कर मंज़िल पा ली,
मगर मेरे पैरों के छाले क्या आज भी बे-ज़ुबान हैं?

सब कहते हैं कि मैं तेरी परछाईं हूँ,
पर धूप ढलने के बाद क्या मेरा कोई साया बचता है?

मैंने तुझे मुकम्मल करने में खुद को आधा कर दिया,
क्या ये समझौता ही वफ़ा की आखिरी सीढ़ी है?

तू सूरज सा चमकता है मेरी दुनिया के आसमाँ पर,
पर मेरी चाँदनी का क्या, जो तुझसे ही उधार माँगी है?

सबने सराहा है मेरी सादगी और मेरे सबर को,
मगर क्या किसी ने मेरे सबर के पीछे की चीख़ पढ़ी है?

मैंने अपनी हर मंज़िल तेरे रास्तों के नाम कर दी,
क्या तुझे कभी मेरी मंज़िलों का ख़्याल आया है?

रिश्तों के इस तराज़ू में हमेशा मैं ही झुकी रही,
क्या मोहब्बत इसी को कहते हैं, जहाँ तराज़ू कभी बराबर नहीं होता?

तू मेरा ओढ़ना है, तू ही मेरा बिछौना है,
पर इस घर में मेरा अपना कोना आख़िर कहाँ है?

मैं तेरी हर जीत का जश्न बड़े धूम से मनाती हूँ,
मगर मेरी अपनी हार का मातम करने वाला कौन है?

दुनिया कहती है कि मैं तुझमें समाकर मुकम्मल हुई,
पर आइना पूछता है, 'वो पुरानी तुम आख़िर कहाँ खो गई?'

आईने से सवाल

मेरी आँखों की थकान क्यों छुपा देता है आईना,
क्या सच हमेशा परछाई में खोया हुआ?

मैंने अपने होंठों की ख़ामोशी से पूछा,
क्या ये मुस्कान सच है या समाज का दिया हुआ?

आईना कहता है—तू वही है जो सब देखते हैं,
पर मेरा दिल कहता है—मैं कुछ और हूँ, छुपा हुआ।

मेरे सवालों का जवाब क्यों नहीं देता आईना,
क्या औरत का सच हमेशा अधूरा लिखा हुआ?

जब मैं खुद को देखती हूँ उसमें,
तो लगता है—मैं हूँ या कोई और बना हुआ।

आईने की दरारों में छुपा है मेरा सच,
क्या टूटे शीशे ही मुझे पूरा दिखाते हैं?

कभी लगता है चेहरा मेरा है मगर कहानी नहीं,
जैसे हर लफ़्ज़ कहीं और से उधार लिया हुआ।

मेरी आँखों में जो खामोश समंदर है,
क्या उसका भी कोई किनारा लिखा हुआ?

मैंने आईने से पूछा—सच इतना मुश्किल क्यों है,
क्या हर चेहरा बस एक किरदार बना हुआ?

होंठ मुस्कुराते हैं मगर दिल चुप रहता है,
जैसे दर्द ने अंदर ही अंदर घर बना हुआ।
आईना भी कभी-कभी झिझक जाता है मुझसे,
शायद उसे भी मेरा सच अधूरा दिखा हुआ।

मैंने जब खुद को बिना आईने के देखा,
तब जाना—असली चेहरा कहीं भीतर छुपा हुआ।

मेरी आँखों की थकान क्यों छुपा देता है आईना,
क्या सच हमेशा परछाईं में खोया हुआ?

मैंने अपने होंठों की ख़ामोशी से पूछा,
क्या ये मुस्कान सच है या समाज का दिया हुआ?

आईना कहता है—तू वही है जो सब देखते हैं,
पर मेरा दिल कहता है—मैं कुछ और हूँ, छुपा हुआ।

मेरे सवालों का जवाब क्यों नहीं देता आईना,
क्या औरत का सच हमेशा अधूरा लिखा हुआ?

जब मैं खुद को देखती हूँ उसमें,
तो लगता है—मैं हूँ या कोई और बना हुआ।

आईने की दरारों में छुपा है मेरा सच,
क्या टूटे शीशे ही मुझे पूरा दिखाते हैं?

कभी लगता है चेहरा मेरा है मगर कहानी नहीं,
जैसे हर लफ़्ज़ कहीं और से उधार लिया हुआ।

मेरी आँखों में जो ख़ामोश समंदर है,
क्या उसका भी कोई किनारा लिखा हुआ?

मैंने आईने से पूछा—सच इतना मुश्किल क्यों है,
क्या हर चेहरा बस एक किरदार बना हुआ?

होंठ मुस्कुराते हैं मगर दिल चुप रहता है,
जैसे दर्द ने अंदर ही अंदर घर बना हुआ।

आईना भी कभी-कभी झिझक जाता है मुझसे,
शायद उसे भी मेरा सच अधूरा दिखा हुआ।

मैंने जब खुद को बिना आईने के देखा,
तब जाना—असली चेहरा कहीं भीतर छुपा हुआ।

कभी लगता है मेरी पहचान धुँधली सी रेखा है,
जैसे कागज़ पर कोई नाम अधूरा लिखा हुआ।

मैंने अपनी परछाईं से भी पूछा एक दिन,
क्या तेरा भी कोई सच है जो दबा हुआ?

भीड़ में चलते हुए भी लगता है कभी-कभी,
जैसे हर चेहरा किसी डर से झुका हुआ।

मेरे ख्वाबों की रोशनी क्यों कम कर देता है वक्त,
क्या हर सपना किस्मत से डरा हुआ?

मैंने चुप रहकर भी बहुत कुछ कह दिया,
पर हर शब्द जैसे भीतर ही दफ़्न हुआ।

आईने से सवाल

कभी आईना भी मुझसे सवाल करता है,
क्या तेरा दिल अब भी कहीं टूटा हुआ?
मैंने अपने ही चेहरे को देर तक देखा,
जैसे कोई राज़ उसमें छुपा हुआ।

क्यों हर जवाब फिर एक सवाल बन जाता है,
जैसे जीवन कोई पहेली बना हुआ।

शायद सच आईने में नहीं मिलता कभी,
वो तो रूह के आईने में लिखा हुआ।

मेरी आँखों की थकान क्यों छुपा देता है आईना,
क्या सच हमेशा परछाईं में खोया हुआ?

मैंने अपने होंठों की ख़ामोशी से पूछा,
क्या ये मुस्कान सच है या समाज का दिया हुआ?

आईना कहता है—तू वही है जो सब देखते हैं,
पर मेरा दिल कहता है—मैं कुछ और हूँ, छुपा हुआ।

मेरे सवालों का जवाब क्यों नहीं देता आईना,
क्या औरत का सच हमेशा अधूरा लिखा हुआ?

जब मैं खुद को देखती हूँ उसमें,
तो लगता है—मैं हूँ या कोई और बना हुआ।

आईने की दरारों में छुपा है मेरा सच,
क्या टूटे शीशे ही मुझे पूरा दिखाते हैं?

कभी लगता है चेहरा मेरा है मगर कहानी नहीं,
जैसे हर लफ़्ज़ कहीं और से उधार लिया हुआ।
मेरी आँखों में जो ख़ामोश समंदर है,
क्या उसका भी कोई किनारा लिखा हुआ?

मैंने आईने से पूछा—सच इतना मुश्किल क्यों है,
क्या हर चेहरा बस एक किरदार बना हुआ?

होंठ मुस्कुराते हैं मगर दिल चुप रहता है,
जैसे दर्द ने अंदर ही अंदर घर बना हुआ।

आईना भी कभी-कभी झिझक जाता है मुझसे,
शायद उसे भी मेरा सच अधूरा दिखा हुआ।

मैंने जब खुद को बिना आईने के देखा,
तब जाना—असली चेहरा कहीं भीतर छुपा हुआ।

कभी लगता है मेरी पहचान धुँधली सी रेखा है,
जैसे कागज़ पर कोई नाम अधूरा लिखा हुआ।

मैंने अपनी परछाईं से भी पूछा एक दिन,
क्या तेरा भी कोई सच है जो दबा हुआ?

भीड़ में चलते हुए भी लगता है कभी-कभी,
जैसे हर चेहरा किसी डर से झुका हुआ।

मेरे ख्वाबों की रोशनी क्यों कम कर देता है वक्त,
क्या हर सपना किस्मत से डरा हुआ?

मैंने चुप रहकर भी बहुत कुछ कह दिया,
पर हर शब्द जैसे भीतर ही दफ़्न हुआ।
कभी आईना भी मुझसे सवाल करता है,
क्या तेरा दिल अब भी कहीं टूटा हुआ?

मैंने अपने ही चेहरे को देर तक देखा,
जैसे कोई राज़ उसमें छुपा हुआ।

क्यों हर जवाब फिर एक सवाल बन जाता है,
जैसे जीवन कोई पहेली बना हुआ।

शायद सच आईने में नहीं मिलता कभी,
वो तो रूह के आईने में लिखा हुआ।

रात की खामोशी में जब खुद से बात की,
तो हर जख्म जैसे फिर से जागा हुआ।

मैंने अपने डर को भी गले लगाया एक दिन,
जैसे वो भी मेरा ही हिस्सा बना हुआ।

आईना देखता है बस चेहरों की चमक,
दिल का अंधेरा कहाँ उसमें दिखा हुआ?

कभी लगता है मैं खुद से ही दूर हो गई,
जैसे रास्ता कहीं और मुड़ा हुआ।

मेरे भीतर कितनी आवाज़ें रहती हैं,
हर एक सच जैसे अलग-अलग कहा हुआ।

मैंने वक़्त से पूछा—इतना बदल क्यों गया,
क्या हर रिश्ता बस लम्हों में ढला हुआ?
कभी खुद को समझना भी मुश्किल लगता है,
जैसे कोई राज़ गहराई में दबा हुआ।

और जब मैं मुस्कुराकर दुनिया से मिलती हूँ,
तो लगता है दर्द भी चेहरे पर सजा हुआ।

स्त्री – उम्मीद की लौ

स्त्री की यादें सिर्फ़ मोहब्बत तक सीमित नहीं,
वह हर संघर्ष में उम्मीद की लौ जलाती है।

उसके क़दमों की थकान भी कहानी कहती है,
वह हर सफ़र को जीत में बदल जाती है।

आँसुओं से भी उसने सपनों को सींचा है,
वह हर दर्द को कविता बना जाती है।

उसकी ख़ामोशी में भी आवाज़ छुपी रहती है,
वह हर सवाल को साहस से जगाती है।

वक़्त की आँधियों में भी वह अडिग खड़ी रहती है,
वह हर तूफ़ान को मुस्कान से हराती है।

उसकी आँखों में सिर्फ़ प्रेम नहीं,
वह भविष्य की रोशनी भी दिखाती है।

स्त्री की यादें सिर्फ़ अतीत नहीं होतीं,
वह आने वाले कल की राह बनाती हैं।

वह चूल्हे की आँच में भी सपने सजाती है,
वह रसोई से भी दुनिया को महकाती है।

वह थाली की रोटी में ममता परोसती है,
और भूख से पहले सबका चेहरा पढ़ जाती है।

कभी माँ बनकर आकाश सा धैर्य रखती है,
कभी बेटी बनकर घर में उजाला लाती है।
कभी बहन बनकर दुआओँ का धागा बुनती है,
कभी पत्नी बनकर जीवन का साथ निभाती है।

वह टूटती भी है तो ख़ामोशी से जुड़ जाती है,
वह बिखरकर भी अपने घर को संभाल जाती है।

उसके हाथों में श्रम की लकीरें होती हैं,
पर आँखों में हमेशा उजले सपने होते हैं।

वह दर्द को भी शक्ति में ढालना जानती है,
वह हर हार के बाद फिर मुस्कुराना जानती है।

स्त्री की कहानी सिर्फ़ आँसू नहीं होती,
वह साहस, करुणा और प्रकाश की धारा होती है।

स्त्री की यादें सिर्फ़ मोहब्बत तक सीमित नहीं,
वह हर संघर्ष में उम्मीद की लौ जलाती है।

उसके क़दमों की थकान भी कहानी कहती है,
वह हर सफ़र को जीत में बदल जाती है।

आँसुओं से भी उसने सपनों को सींचा है,
वह हर दर्द को कविता बना जाती है।

उसकी ख़ामोशी में भी आवाज़ छुपी रहती है,
वह हर सवाल को साहस से जगाती है।

वक़्त की आँधियों में भी वह अडिग खड़ी रहती है,
वह हर तूफ़ान को मुस्कान से हराती है।
उसकी आँखों में सिर्फ़ प्रेम नहीं,
वह भविष्य की रोशनी भी दिखाती है।

स्त्री की यादें सिर्फ़ अतीत नहीं होतीं,
वह आने वाले कल की राह बनाती हैं।

वह चूल्हे की आँच में भी सपने सजाती है,
वह रसोई से भी दुनिया को महकाती है।

वह थाली की रोटी में ममता परोसती है,
और भूख से पहले सबका चेहरा पढ़ जाती है।

कभी माँ बनकर आकाश सा धैर्य रखती है,
कभी बेटी बनकर घर में उजाला लाती है।

कभी बहन बनकर दुआओँ का धागा बुनती है,
कभी पत्नी बनकर जीवन का साथ निभाती है।

वह टूटती भी है तो ख़ामोशी से जुड़ जाती है,
वह बिखरकर भी अपने घर को संभाल जाती है।

उसके हाथों में श्रम की लकीरें होती हैं,
पर आँखों में हमेशा उजले सपने होते हैं।

वह दर्द को भी शक्ति में ढालना जानती है,
वह हर हार के बाद फिर मुस्कुराना जानती है।

स्त्री की कहानी सिर्फ़ आँसू नहीं होती,
वह साहस, करुणा और प्रकाश की धारा होती है।
वह धूप में चलकर भी छाँव बन जाती है,
वह अपने आँचल से दुनिया को ढक जाती है।

वह चुप रहकर भी इतिहास लिख देती है,
वह साधारण होकर भी असाधारण बन जाती है।

उसकी हँसी में घर की खुशियाँ बसती हैं,
उसकी दुआओं में कई ज़िंदगियाँ संवरती हैं।

वह हर दिन एक नई शुरुआत करती है,
और हर रात अपने सपनों को फिर सँवारती है।

स्त्री सिर्फ़ एक रिश्ता नहीं होती,
वह जीवन की पूरी कविता होती है।

ख़ामोशी में बसता एकतरफ़ा प्यार

तेरे नाम की ख़ामोशी में मैं रोज़ डूबती हूँ,
क्या तुझे ख़बर है कि कोई चुपचाप तुझे चाहता है?

तेरी हँसी से रोशनी मिलती है मेरे अँधेरों को,
पर तूने कभी नहीं देखा कि ये दिल कैसे जलता है।

मैंने अपने ख़्वाबों में तुझे हर जगह पाया,
पर हक़ीक़त में तू किसी और का सपना बनता है।

तेरे बिना भी साँसें चलती हैं मगर अधूरी,
जैसे कोई गीत बिना सुर के गाया जाता है।

तेरी आँखों में जवाब ढूँढती हूँ हर रोज़,
पर सवाल मेरा हमेशा आईने में ही रह जाता है।

मैंने चाहा कि तू मेरी मोहब्बत को पहचान ले,
पर एकतरफ़ा प्यार बस ख़ामोशी में सिमट जाता है।

तेरे जाने के बाद भी मैं तुझसे जुड़ी रहती हूँ,
जैसे परछाई सूरज के बिना भी ठहर जाती है।

यूँ ही बैठे-बैठे तेरा ख़याल आ जाता है,
जैसे सूखे पत्तों में फिर सावन उतर आता है।

तेरे नाम की लकीरें दिल पर यूँ लिखी हैं,
कि हर धड़कन में तेरा ही नाम सुनाई देता है।

कभी सोचा था तू मेरे रास्तों में साथ चलेगा,
पर किस्मत का सफ़र तुझे कहीं और ले जाता है।

मैंने चाँद से भी पूछा तेरे होने का पता,
वो भी हर रात बस चुपचाप मुस्कुराता है।

तेरी यादें मेरे कमरे की हवा बन गई हैं,
दरवाज़ा बंद करूँ तो भी एहसास चला आता है।

तू शायद कभी मेरी कहानी न पढ़ पाए,
पर मेरा हर लफ़्ज़ तुझे ही सुनाता है।

कुछ रिश्ते मुकम्मल होकर भी अधूरे रहते हैं,
और कुछ अधूरे होकर भी उम्र भर निभ जाते हैं।

तेरे नाम की ख़ामोशी में मैं रोज़ डूबती हूँ,
क्या तुझे ख़बर है कि कोई चुपचाप तुझे चाहता है।

तेरी हँसी से रोशनी मिलती है मेरे अँधेरों को,
पर तूने कभी नहीं देखा कि ये दिल कैसे जलता है।

मैंने अपने ख़्वाबों में तुझे हर जगह पाया,
पर हक़ीक़त में तू किसी और का सपना बनता है।

तेरे बिना भी साँसें चलती हैं मगर अधूरी,
जैसे कोई गीत बिना सुर के गाया जाता है।

तेरी आँखों में जवाब ढूँढती हूँ हर रोज़,
पर सवाल मेरा हमेशा आईने में ही रह जाता है।
मैंने चाहा कि तू मेरी मोहब्बत को पहचान ले,
पर एकतरफ़ा प्यार बस ख़ामोशी में सिमट जाता है।

तेरे जाने के बाद भी मैं तुझसे जुड़ी रहती हूँ,
जैसे परछाई सूरज के बिना भी ठहर जाती है।

यूँ ही बैठे-बैठे तेरा ख़याल आ जाता है,
जैसे सूखे पत्तों में फिर सावन उतर आता है।

तेरे नाम की लकीरें दिल पर यूँ लिखी हैं,
कि हर धड़कन में तेरा ही नाम सुनाई देता है।

कभी सोचा था तू मेरे रास्तों में साथ चलेगा,
पर किस्मत का सफ़र तुझे कहीं और ले जाता है।

मैंने चाँद से भी पूछा तेरे होने का पता,
वो भी हर रात बस चुपचाप मुस्कुराता है।

तेरी यादें मेरे कमरे की हवा बन गई हैं,
दरवाज़ा बंद करूँ तो भी एहसास चला आता है।

तू शायद कभी मेरी कहानी न पढ़ पाए,
पर मेरा हर लफ़्ज़ तुझे ही सुनाता है।

कुछ रिश्ते मुकम्मल होकर भी अधूरे रहते हैं,
और कुछ अधूरे होकर भी उम्र भर निभ जाते हैं।

कभी तेरी बातों में अपना घर ढूँढा था मैंने,
आज वही आवाज़ किसी और को बुलाती है।
तेरे कदमों की आहट अब भी सुनाई देती है,
जब रात की ख़ामोशी दिल को डराती है।

मैंने तुझे भूलने की बहुत कोशिश की,
पर हर कोशिश फिर तेरी याद दिलाती है।

तेरी तस्वीर आँखों में बस गई है ऐसे,
जैसे बारिश ज़मीन में समा जाती है।

कभी सोचा न था कि मोहब्बत यूँ भी होगी,
कि दिल रोए और आँखें मुस्कुराती हैं।

तू शायद मेरी तड़प को समझ न पाए,
क्योंकि कुछ दर्द बस ख़ामोशी ही बताती है।

मेरी दुआओं में आज भी तेरा नाम रहता है,
चाहे मेरी किस्मत तुझसे दूर ले जाती है।

मैंने तेरे लिए अपने अरमानों को सुला दिया,
पर तेरी याद फिर भी हर रात जगा जाती है।

कभी लगता है तू पास ही कहीं होगा,
फिर हक़ीक़त आकर मुझे समझाती है।

तेरी खुशी के लिए खुद को भुला दिया मैंने,
शायद यही मोहब्बत की असली सच्चाई है।

आख़िरी ख़त

आख़िरी ख़त जो तुम्हें लिख न पाई,
वो मेरी आँखों की नमी में अब भी रखा है।

काग़ज़ पर उतरते लफ़्ज़ काँपते रहे,
जैसे हवा में कोई राज़ अटका हुआ है।

मैंने चाहा था कि तुझसे सब कह दूँ,
पर क़लम हर बार ख़ामोशी में रुकता हुआ है।

तेरी आँखों तक पहुँचने की हिम्मत न हुई,
वो ख़त मेरी पलकों के नीचे सोता हुआ है।

कभी सोचा था कि तुझे पकड़कर रोना आएगा,
पर वो आँसू मेरे सीने में ही थमा हुआ है।

आख़िरी ख़त मेरी मोहब्बत का आईना था,
जो बिना लिखे ही तेरा नाम कहता हुआ है।

अब हर ग़ज़ल उसी ख़त की परछाई है,
जो तुम्हें लिख न पाई मगर दिल में जिया हुआ है।

रात के सन्नाटे में जब यादें जागती हैं,
वो अधूरा ख़त फिर दिल को पढ़ता हुआ है।

मैंने हर लफ़्ज़ में तेरा ही चेहरा देखा,
जैसे हर अक्षर तुझसे मिलता हुआ है।

कभी लगा कि ये दूरी मिट जाएगी,
पर वक़्त हर दिन तुझे मुझसे छीनता हुआ है।

मेरे कमरे की ख़ामोशी भी जानती है,
कोई नाम हर रात यहाँ लिया हुआ है।

तेरी याद का दिया बुझता ही नहीं,
जैसे दिल में कोई दीप जलता हुआ है।

मैंने अलमारी में वो काग़ज़ छुपा रखा है,
जिस पर तेरी याद का मौसम लिखा हुआ है।

कभी सोचा था ये ख़त तुझे दे दूँगी,
पर हर बार दिल डर से ठहरा हुआ है।

तू शायद कभी इस राज़ को न समझ पाए,
कि कोई तेरे नाम से जीता हुआ है।

कुछ ख़त भेजे नहीं जाते उम्र भर,
क्योंकि उनमें दिल का सच लिखा हुआ है।

और शायद इसी लिए मेरी हर ग़ज़ल में,
एक अधूरा ख़त आज भी ज़िंदा हुआ है।

आख़िरी ख़त जो तुम्हें लिख न पाई,
वो मेरी आँखों की नमी में अब भी रखा है।

कागज़ पर उतरते लफ़्ज़ काँपते रहे,
जैसे हवा में कोई राज़ अटका हुआ है।
मैंने चाहा था कि तुझसे सब कह दूँ,
पर क़लम हर बार ख़ामोशी में रुकता हुआ है।

तेरी आँखों तक पहुँचने की हिम्मत न हुई,
वो ख़त मेरी पलकों के नीचे सोता हुआ है।

कभी सोचा था कि तुझे पकड़कर रोना आएगा,
पर वो आँसू मेरे सीने में ही थमा हुआ है।

आख़िरी ख़त मेरी मोहब्बत का आईना था,
जो बिना लिखे ही तेरा नाम कहता हुआ है।

अब हर ग़ज़ल उसी ख़त की परछाई है,
जो तुम्हें लिख न पाई मगर दिल में जिया हुआ है।

रात के सन्नाटे में जब यादें जागती हैं,
वो अधूरा ख़त फिर दिल को पढ़ता हुआ है।

मैंने हर लफ़्ज़ में तेरा ही चेहरा देखा,
जैसे हर अक्षर तुझसे मिलता हुआ है।

कभी लगा कि ये दूरी मिट जाएगी,
पर वक़्त हर दिन तुझे मुझसे छीनता हुआ है।

मेरे कमरे की ख़ामोशी भी जानती है,
कोई नाम हर रात यहाँ लिया हुआ है।

तेरी याद का दिया बुझता ही नहीं,
जैसे दिल में कोई दीप जलता हुआ है।

मैंने अलमारी में वो काग़ज़ छुपा रखा है,
जिस पर तेरी याद का मौसम लिखा हुआ है।

कभी सोचा था ये ख़त तुझे दे दूँगी,
पर हर बार दिल डर से ठहरा हुआ है।

तू शायद कभी इस राज़ को न समझ पाए,
कि कोई तेरे नाम से जीता हुआ है।

कुछ ख़त भेजे नहीं जाते उम्र भर,
क्योंकि उनमें दिल का सच लिखा हुआ है।

और शायद इसी लिए मेरी हर ग़ज़ल में,
एक अधूरा ख़त आज भी ज़िंदा हुआ है।

कभी हवा के साथ तेरी ख़ुशबू चली आती है,
जैसे कोई भूला हुआ पन्ना खुलता हुआ है।

मेरी उँगलियों ने तेरा नाम लिखना चाहा,
पर काग़ज़ हर बार आँसुओं से भीगता हुआ है।

जो बात तुझसे कहनी थी बरसों पहले,
वो आज भी दिल के दरवाज़े पर ठहरा हुआ है।

कभी लगता है तू यहीं आसपास होगा,
फिर ख़ामोश कमरा मुझे समझाता हुआ है।

मेरी तन्हाई भी अब तेरी आदी हो गई है,
हर सन्नाटा तेरा नाम दोहराता हुआ है।

मैंने उस ख़त को जलाने की भी सोची थी,
पर हर लफ़्ज़ मुझे रोकता हुआ है।

कभी अगर तू मेरी ग़ज़लें पढ़ेगा,
तुझे हर मिसरे में अपना ही पता मिलेगा।

शायद इसी लिए मैं लिखती ही जाती हूँ,
कि कहीं इन लफ़्ज़ों में तुझ तक रास्ता निकले।

मुस्कान के पीछे

वो मुस्कान जो दुनिया को दिखाई जाती है,
दिल के भीतर हर रोज़ चुपचाप टूटती है।

आईने में चेहरा हँसता है बेख़बर,
पर आँखों की नमी हर बार झलकती है।

लोग कहते हैं—तेरी हँसी में जादू है,
पर ये जादू हर रात आँसुओं से बनती है।

मैंने सीखा है दर्द को परदे में छुपाना,
मुस्कान वही है जो ख़ामोशी से सजती है।

तेरे सामने मैं हँसती हूँ बेपरवाह,
पर अकेले में वही हँसी मुझे रुलाती है।

दुनिया को दिखाना आसान है चेहरा,
पर भीतर की सच्चाई हर पल सिसकती है।

वो मुस्कान जो सबको रोशनी देती है,
असल में मेरे अँधेरों से ही निकलती है।

कभी-कभी दिल थककर चुप हो जाता है,
और आँखों की ख़ामोशी सब कह जाती है।

मैंने हँसी को अपनी आदत बना लिया,
वरना हर बात दिल को रुला जाती है।

लोग समझते हैं मैं बहुत मज़बूत हूँ,
पर मेरी तन्हाई सच्चाई बता जाती है।

कभी आईने से भी नज़रें चुरा लेती हूँ,
क्योंकि आँखों की कहानी पढ़ी जाती है।

मेरी हँसी में छुपे दर्द को कौन समझे,
ये बात बस रातों को पता चलती है।

मैंने दुनिया से शिकवे करना छोड़ दिया,
क्योंकि हर शिकायत फिर दिल दुखाती है।

मेरी ख़ामोशी भी अब बोलने लगी है,
हर ग़ज़ल में एक टीस नज़र आती है।

शायद इसी लिए मैं मुस्कुराती रहती हूँ,
ताकि मेरी उदासी किसी को न दिखती है।

पर सच तो यही है कि हर चमकती मुस्कान,
किसी टूटे हुए दिल से ही जन्म लेती है।

वो मुस्कान जो दुनिया को दिखाई जाती है,
दिल के भीतर हर रोज़ चुपचाप टूटती है।

आईने में चेहरा हँसता है बेख़बर,
पर आँखों की नमी हर बार झलकती है।

लोग कहते हैं—तेरी हँसी में जादू है,
पर ये जादू हर रात आँसुओं से बनती है।
मैंने सीखा है दर्द को परदे में छुपाना,
मुस्कान वही है जो ख़ामोशी से सजती है।

तेरे सामने मैं हँसती हूँ बेपरवाह,
पर अकेले में वही हँसी मुझे रुलाती है।

दुनिया को दिखाना आसान है चेहरा,
पर भीतर की सच्चाई हर पल सिसकती है।

वो मुस्कान जो सबको रोशनी देती है,
असल में मेरे अँधेरों से ही निकलती है।

कभी-कभी दिल थककर चुप हो जाता है,
और आँखों की ख़ामोशी सब कह जाती है।

मैंने हँसी को अपनी आदत बना लिया,
वरना हर बात दिल को रुला जाती है।

लोग समझते हैं मैं बहुत मज़बूत हूँ,
पर मेरी तन्हाई सच्चाई बता जाती है।

कभी आईने से भी नज़रें चुरा लेती हूँ,
क्योंकि आँखों की कहानी पढ़ी जाती है।

मेरी हँसी में छुपे दर्द को कौन समझे,
ये बात बस रातों को पता चलती है।

मैंने दुनिया से शिकवे करना छोड़ दिया,
क्योंकि हर शिकायत फिर दिल दुखाती है।
मेरी ख़ामोशी भी अब बोलने लगी है,
हर ग़ज़ल में एक टीस नज़र आती है।

शायद इसी लिए मैं मुस्कुराती रहती हूँ,
ताकि मेरी उदासी किसी को न दिखती है।

पर सच तो यही है कि हर चमकती मुस्कान,
किसी टूटे हुए दिल से ही जन्म लेती है।

कभी भीड़ में भी खुद को अकेला पाती हूँ,
जैसे हँसी के पीछे कोई ख़ालीपन रहता है।

हर सवाल का जवाब मुस्कान में दे देती हूँ,
क्योंकि सच कहूँ तो आवाज़ भर्रा जाती है।

दिन भर चेहरे पर उजाला ओढ़े रहती हूँ,
पर रात मेरे सारे रंग उतार देती है।

लोग तालियाँ देते हैं मेरी हँसी को,
पर कोई नहीं जानता ये दर्द से बनती है।

मैंने आँसुओं को आँखों से गिरने नहीं दिया,
बस पलकों की दहलीज़ पर रोक लेती हूँ।

कभी-कभी दिल चाहता है खुलकर रो लूँ,
पर दुनिया की नज़र मुझे रोक लेती है।

मेरी हँसी में जो चमक दिखाई देती है,
वो टूटे हुए सपनों की राख से बनती है।
अब तो ये हाल है कि मुस्कुराना पड़ता है,
चाहे दिल भीतर से कितना भी थक जाता है।

शायद यही वजह है मेरी हर ग़ज़ल में,
एक ख़ामोश दर्द हमेशा रह जाता है।

और जब कभी कोई मेरी हँसी की तारीफ़ करता है,
दिल चुपके से अपने आँसू पी जाता है।

पहली मोहब्बत

पहली मोहब्बत का रंग आज भी ताज़ा है,
दिल की धड़कन में तेरा नाम साज़ा है।

तेरी आँखों की मासूमियत भूल न पाई मैं,
वही मेरी हर दुआ का अंदाज़ा है।

तेरे संग बिताए लम्हे छोटे ही सही,
पर हर याद में मेरी ज़िंदगी का हिस्सा है।

तेरे बिना भी साँसें चलती हैं मगर,
हर साँस में तेरा ही अंदेशा है।

मैंने चाहा था तुझसे सब कह दूँ,
पर पहली मोहब्बत का राज़ अधूरा ही लिखा है।

तेरे जाने के बाद भी दिल तुझसे जुड़ा है,
जैसे कोई गीत बिना सुर के भी गाया है।

पहली मोहब्बत का असर मिटता नहीं,
वो उम्र भर दिल की दीवारों पर साया है।

कभी तेरी याद हवा बनकर चली आती है,
और दिल फिर वही पुराना गीत गुनगुनाता है।

तेरी हँसी की गूँज आज भी सुनाई देती है,
जैसे वक़्त वहीं कहीं ठहर जाता है।

मैंने कई बार खुद को समझाना चाहा,
पर दिल हर बार तेरे पास लौट आता है।
पहली मोहब्बत की ख़ुशबू अजीब होती है,
जो बरसों बाद भी दिल में महक जाती है।

कुछ रिश्ते मुकम्मल होकर भी खो जाते हैं,
और कुछ अधूरे होकर भी साथ निभाते हैं।

तेरा नाम अब भी लफ़्ज़ों में आ जाता है,
जब कोई ग़ज़ल दिल से लिखी जाती है।

कभी सोचती हूँ अगर तू मिल जाता,
तो शायद ये दिल इतना तन्हा न होता।

मेरे हर ख़्वाब में एक चेहरा रहता है,
जो पहली मोहब्बत की याद दिलाता है।

वक़्त बहुत आगे निकल आया है मगर,
दिल का एक कोना अब भी वहीं ठहरा है।

शायद इसी लिए मेरी हर ग़ज़ल में,
पहली मोहब्बत का दर्द झलक जाता है।

और सच तो ये है कि ज़िंदगी में चाहे जितना बदल जाए,
पहली मोहब्बत का नाम कभी नहीं मिट पाता है।

पहली मोहब्बत का रंग आज भी ताज़ा है,
दिल की धड़कन में तेरा नाम साज़ा है।

तेरी आँखों की मासूमियत भूल न पाई मैं,
वही मेरी हर दुआ का अंदाज़ा है।
तेरे संग बिताए लम्हे छोटे ही सही,
पर हर याद में मेरी ज़िंदगी का हिस्सा है।

तेरे बिना भी साँसें चलती हैं मगर,
हर साँस में तेरा ही अंदेशा है।

मैंने चाहा था तुझसे सब कह दूँ,
पर पहली मोहब्बत का राज़ अधूरा ही लिखा है।

तेरे जाने के बाद भी दिल तुझसे जुड़ा है,
जैसे कोई गीत बिना सुर के भी गाया है।

पहली मोहब्बत का असर मिटता नहीं,
वो उम्र भर दिल की दीवारों पर साया है।

कभी तेरी याद हवा बनकर चली आती है,
और दिल फिर वही पुराना गीत गुनगुनाता है।

तेरी हँसी की गूँज आज भी सुनाई देती है,
जैसे वक़्त वहीं कहीं ठहर जाता है।

मैंने कई बार खुद को समझाना चाहा,
पर दिल हर बार तेरे पास लौट आता है।

पहली मोहब्बत की ख़ुशबू अजीब होती है,
जो बरसों बाद भी दिल में महक जाती है।

कुछ रिश्ते मुकम्मल होकर भी खो जाते हैं,
और कुछ अधूरे होकर भी साथ निभाते हैं।
तेरा नाम अब भी लफ़्ज़ों में आ जाता है,
जब कोई ग़ज़ल दिल से लिखी जाती है।

कभी सोचती हूँ अगर तू मिल जाता,
तो शायद ये दिल इतना तन्हा न होता।

मेरे हर ख़्वाब में एक चेहरा रहता है,
जो पहली मोहब्बत की याद दिलाता है।

वक़्त बहुत आगे निकल आया है मगर,
दिल का एक कोना अब भी वहीं ठहरा है।

शायद इसी लिए मेरी हर ग़ज़ल में,
पहली मोहब्बत का दर्द झलक जाता है।

कभी तेरे नाम से मुस्कान आ जाती है,
जैसे कोई पुराना सपना लौट आता है।

मेरे दिल की किताब में पहला पन्ना,
आज भी तेरे ही नाम से सजता है।

मैंने बहुत नए रास्ते चुन लिए हैं,
पर पहला मोड़ आज भी तुझ तक जाता है।

तेरे साथ गुज़रा एक छोटा सा मौसम,
अब तक मेरी रूह को महकाता है।

कभी कोई धुन अचानक सुनाई देती है,
और दिल तेरा ही ख़याल दोहराता है।
शायद यही पहली मोहब्बत की सच्चाई है,
जो दूर होकर भी दिल में रह जाता है।

मेरी हर नई कहानी की शुरुआत में,
तेरी याद का एक साया ठहर जाता है।

और ज़िंदगी चाहे जितनी आगे बढ़ जाए,
दिल का पहला नाम कभी नहीं बदलता है।

नींव में दबी आवाज़

उस घर की चौखट पर एक लड़की खड़ी थी,
अपने सपनों को दीपक की तरह बुझा चुकी थी।
भाई की राहों में फूल बिछाए गए,
उसकी चाहतें चुपचाप राख में मिलाई गईं।

माँ-बाप की आँखों में उजाला सिर्फ बेटे का था,
बेटी की ख़ामोशी को उन्होंने तक़दीर कह दिया।
वो मुस्कुराती रही, जैसे दर्द को आशीर्वाद बना लिया हो,
हर त्याग में उसने अपना अस्तित्व गुम कर लिया हो।

दीवारें जानती थीं उसकी अनकही कहानियाँ,
खिड़कियाँ सुनती थीं उसकी टूटी हुई तानियाँ।
भाई की जीत पर घर गूँजता था,
उसकी हार पर सन्नाटा ही गाता था।

कभी उसने पूछा—
"क्या मेरे सपनों का भी कोई रंग है?"
जवाब मिला—
"तेरी कुर्बानी ही तेरा धर्म है।"

और इस तरह वो लड़की घर की नींव में समा गई,
जहाँ उसका नाम नहीं, बस त्याग की गूँज रह गई।

पर एक रात चाँद ने उससे धीरे से कहा,
"जो आवाज़ दबा दी जाती है, वही इतिहास बनती है।"
उसने आँसू पोंछे और आसमान को देखा,
जैसे पहली बार अपने हिस्से का सपना लिखा।

वो समझ गई—
नींव में दबे पत्थर भी घर को संभालते हैं,
और खामोश त्याग ही कभी-कभी युग बदलते हैं।
कल शायद कोई बेटी उसी चौखट पर खड़ी होगी,
पर उसके हाथों में बुझा हुआ दीपक नहीं,
एक जलती हुई लौ होगी।

क्योंकि हर दबाई गई आवाज़
किसी आने वाले कल की शुरुआत होती है,
और हर त्यागी हुई लड़की
एक दिन कहानी नहीं—
एक क्रांति होती है।

उस घर की चौखट पर एक लड़की खड़ी थी,
अपने सपनों को दीपक की तरह बुझा चुकी थी।
भाई की राहों में फूल बिछाए गए,
उसकी चाहतें चुपचाप राख में मिलाई गईं।

माँ-बाप की आँखों में उजाला सिर्फ बेटे का था,
बेटी की ख़ामोशी को उन्होंने तक़दीर कह दिया।
वो मुस्कुराती रही, जैसे दर्द को आशीर्वाद बना लिया हो,
हर त्याग में उसने अपना अस्तित्व गुम कर लिया हो।

दीवारें जानती थीं उसकी अनकही कहानियाँ,
खिड़कियाँ सुनती थीं उसकी टूटी हुई तानियाँ।
भाई की जीत पर घर गूँजता था,
उसकी हार पर सन्नाटा ही गाता था।

कभी उसने पूछा—
"क्या मेरे सपनों का भी कोई रंग है?"
जवाब मिला—
"तेरी कुर्बानी ही तेरा धर्म है।"

और इस तरह वो लड़की घर की नींव में समा गई,
जहाँ उसका नाम नहीं, बस त्याग की गूँज रह गई।
सुबह की पहली किरण भी उसे छूकर लौट जाती थी,
जैसे उसकी किस्मत में उजाला लिखना भूल गई हो।
वो आँगन में तुलसी की तरह खड़ी रहती,
पर उसके हिस्से का जल किसी और को मिल जाता।

उसकी हथेलियों में रेखाएँ तो बहुत थीं,
पर हर रेखा जैसे किसी और की राह बन गई थी।
वो घर सँभालती रही, रिश्ते सीती रही,
और अपने ही सपनों की चिता ढोती रही।

कभी आईने से पूछती—
"क्या मैं भी इस घर की कहानी हूँ?"
आईना चुप रहा,
जैसे सच कहने से डर गया हो।

पर समय की धूल सब कुछ लिख जाती है,
खामोशियों की भी अपनी जुबान होती है।
एक दिन वही दबी हुई आवाज़
हवा बनकर आँगन में लौटती है।

तब दीवारें भी कहती हैं—
"जिसे तुमने नींव में दबा दिया था,
उसी ने इस घर को खड़ा रखा था।"

और शायद आने वाले कल में
कोई बेटी उसी चौखट पर खड़ी होगी,
पर उसकी आँखों में बुझा हुआ सपना नहीं,
एक नया आसमान होगा।

क्योंकि हर दबाई गई आवाज़
कभी न कभी गूँज बनकर लौटती है,
और हर भुला दी गई लड़की
एक दिन इतिहास बन जाती है।
उस घर की चौखट पर एक लड़की खड़ी थी,
अपने सपनों को दीपक की तरह बुझा चुकी थी।
भाई की राहों में फूल बिछाए गए,
उसकी चाहतें चुपचाप राख में मिलाई गईं।

माँ-बाप की आँखों में उजाला सिर्फ बेटे का था,
बेटी की ख़ामोशी को उन्होंने तक़दीर कह दिया।
वो मुस्कुराती रही, जैसे दर्द को आशीर्वाद बना लिया हो,
हर त्याग में उसने अपना अस्तित्व गुम कर लिया हो।

दीवारें जानती थीं उसकी अनकही कहानियाँ,
खिड़कियाँ सुनती थीं उसकी टूटी हुई तानियाँ।
भाई की जीत पर घर गूँजता था,
उसकी हार पर सन्नाटा ही गाता था।

कभी उसने पूछा—
"क्या मेरे सपनों का भी कोई रंग है?"
जवाब मिला—
"तेरी कुर्बानी ही तेरा धर्म है।"

और इस तरह वो लड़की घर की नींव में समा गई,
जहाँ उसका नाम नहीं, बस त्याग की गूँज रह गई।

सुबह की पहली किरण भी उसे छूकर लौट जाती थी,
जैसे उसकी किस्मत में उजाला लिखना भूल गई हो।
वो आँगन में तुलसी की तरह खड़ी रहती,
पर उसके हिस्से का जल किसी और को मिल जाता।

उसकी हथेलियों में रेखाएँ तो बहुत थीं,
पर हर रेखा जैसे किसी और की राह बन गई थी।
वो घर सँभालती रही, रिश्ते सीती रही,
और अपने ही सपनों की चिता ढोती रही।
रसोई की आग में उसकी उम्र पिघलती रही,
चूल्हे के धुएँ में उसकी खामोशी उड़ती रही।
थाली में सबके लिए स्वाद सजाती रही,
पर उसके हिस्से की भूख चुप ही सोती रही।

त्योहारों में घर रंगों से भर जाता था,
उसके मन का कोना फिर भी सूना रह जाता था।
दीयों की रोशनी आँगन में फैलती रही,
पर उसकी आँखों में अँधेरा पलता रहा।

कभी आईने से पूछती—
"क्या मैं भी इस घर की कहानी हूँ?"
आईना चुप रहा,
जैसे सच कहने से डर गया हो।

समय की धूल मगर सब कुछ लिख जाती है,
खामोशियों की भी अपनी जुबान होती है।
एक दिन वही दबी हुई आवाज़
हवा बनकर आँगन में लौटती है।

तब दीवारें भी कहती हैं—
"जिसे तुमने नींव में दबा दिया था,
उसी ने इस घर को खड़ा रखा था।"

और शायद आने वाले कल में
कोई बेटी उसी चौखट पर खड़ी होगी,
पर उसकी आँखों में बुझा हुआ सपना नहीं,
एक नया आसमान होगा।

वो अपने सपनों को राख नहीं बनने देगी,
अपने नाम को नींव में दबने नहीं देगी।
उसकी आवाज़ हवाओं में गूँजेगी,
और उसका अस्तित्व इतिहास लिखेगा।

क्योंकि हर दबाई गई आवाज़
एक दिन गूँज बनकर लौटती है,
और हर भुला दी गई लड़की
एक दिन **इंसाफ़ की कहानी बन जाती है।**

बड़ी हो रही हूँ

आईने में चेहरा वही है,
पर आँखों में सवाल नए हैं।
गली के मोड़ पर अब खेल नहीं,
बस नज़रें हैं—जो पीछा करती हैं।

माँ की चुप्पी अब समझ आती है,
पापा की चिंता अब बोझ लगती है।
हर हँसी को तौलती हैं निगाहें,
हर कदम को रोकती हैं दीवारें।

सपनों की किताब में अब डर के पन्ने हैं,
ख़्वाहिशें लिखने से पहले ही मिटा दी जाती हैं।
भाई की आज़ादी आसमान छूती है,
मेरे परों को ज़मीन से बाँध दिया जाता है।

और इस बढ़ने में कोई जश्न नहीं,
बस एक डर है—
कि कहीं मेरी आवाज़, मेरी हँसी,
मेरी पहचान खो न जाए।

अब कपड़ों से पहले नीयत पर सवाल उठते हैं,
हर रास्ता जैसे इम्तिहान बन जाता है।
मेरे कदमों की आहट तक गिनी जाती है,
मेरी साँसों पर भी पहरा लगाया जाता है।

कभी सोचती हूँ—
क्या बड़े होने का मतलब
अपने ही सपनों से समझौता करना है?
या अपने मन को चुप कराना है?
पर दिल के किसी कोने में
एक छोटी-सी लौ अब भी जलती है,
जो कहती है—
डर से बड़ी मेरी उड़ान होगी।

एक दिन यही कदम
सिर्फ दीवारों से नहीं टकराएँगे,
बल्कि रास्ते बनाएँगे।
एक दिन मेरी आवाज़
खामोशी नहीं,

और शायद इसी बढ़ने में
एक नई दुनिया जन्म ले रही है,
जहाँ किसी लड़की का बड़ा होना
डर नहीं—

आईने में चेहरा वही है,
पर आँखों में सवाल नए हैं।
गली के मोड़ पर अब खेल नहीं,
बस नज़रें हैं—जो पीछा करती हैं।

माँ की चुप्पी अब समझ आती है,
पापा की चिंता अब बोझ लगती है।
हर हँसी को तौलती हैं निगाहें,
हर कदम को रोकती हैं दीवारें।

सपनों की किताब में अब डर के पन्ने हैं,
ख़्वाहिशें लिखने से पहले ही मिटा दी जाती हैं।
भाई की आज़ादी आसमान छूती है,
मेरे परों को ज़मीन से बाँध दिया जाता है।

और इस बढ़ने में कोई जश्न नहीं,
बस एक डर है—
कि कहीं मेरी आवाज़, मेरी हँसी,
मेरी पहचान खो न जाए।

अब रास्ते भी सवाल पूछते हैं,
और हवाएँ भी टटोलती हैं इरादे।
मेरे कदमों की आहट तक गिनी जाती है,
जैसे आज़ादी कोई गलती हो।

किताबों के पन्नों में उड़ान लिखती हूँ,
पर घर की चौखट पर रुक जाती हूँ।
आसमान को छूने का सपना देखती हूँ,
पर ज़मीन से बाँध दी जाती हूँ।

मेरी हँसी पर पहरा है,
मेरे शब्दों पर ताले हैं।
मेरे सपनों की राह में
हज़ारों अनकहे जाले हैं।

कभी लगता है—
क्या सच में बड़ा होना यही है?
जहाँ उम्र तो आगे बढ़ती है,
पर मन पीछे छूट जाता है।

पर भीतर कहीं एक आवाज़ उठती है,
जो कहती है—
खामोश रहना ही तक़दीर नहीं,
उड़ना भी एक अधिकार है।

एक दिन यही डर
मेरी ताक़त बन जाएगा,
और यही बंद दरवाज़े
मेरे लिए रास्ता बन जाएँगे।
उस दिन शायद
मेरी हँसी से कोई सवाल नहीं करेगा,
मेरी आवाज़ को कोई दबाएगा नहीं।

और शायद उस दिन
किसी लड़की का बड़ा होना
डर की कहानी नहीं होगा—
एक नई सुबह की शुरुआत होगा।

यूँ ही बैठे-बैठे

खिड़की से आती हवा को देखता हूँ,
जैसे कोई पुराना दोस्त
बिना बताए मिलने चला आया हो।

किताबों के पन्ने पलटता हूँ,
पर शब्द नहीं पढ़े जाते,
सिर्फ यादें झाँकती हैं उन अक्षरों के बीच।

कॉफ़ी ठंडी हो जाती है,
और कप में रह जाता है
एक अधूरा-सा स्वाद,
जैसे मोहब्बत का आख़िरी घूँट।

घड़ी की टिक-टिक सुनाई देती है,
पर वक़्त कहीं अटका हुआ लगता है,
जैसे किसी ने उसे रोक दिया हो
तेरे नाम पर।

दिल सोचता है—
क्या तन्हाई भी एक साथी है,
या बस एक आईना,
जिसमें हम अपनी कमी देख लेते हैं।

कभी खिड़की से आसमान को देखता हूँ,
जहाँ बादल आते-जाते रहते हैं,
जैसे यादें दिल में
चुपचाप गुजरती रहती हैं।

सड़क पर चलते लोगों को देखता हूँ,
हर चेहरा किसी कहानी सा लगता है,
पर मेरी कहानी
अब भी तेरे नाम पर ठहरी हुई है।
कभी हवा तेरी खुशबू ले आती है,
और दिल को धोखा हो जाता है
कि शायद तू
पास से गुज़र गई है।

शाम धीरे-धीरे रात में बदल जाती है,
और कमरे की ख़ामोशी
और गहरी हो जाती है।
मैं समझता हूँ—
कुछ इंतज़ार ऐसे होते हैं
जो खत्म नहीं होते,
बस ज़िंदगी के साथ
चलते रहते हैं।

शायद एक दिन
यह तन्हाई भी मुस्कुरा उठे,
और कोई दस्तक
फिर से ज़िंदगी लिख दे।

खिड़की से आती हवा को देखता हूँ,
जैसे कोई पुराना दोस्त
बिना बताए मिलने चला आया हो।

किताबों के पन्ने पलटता हूँ,
पर शब्द नहीं पढ़े जाते,
सिर्फ यादें झाँकती हैं उन अक्षरों के बीच।

कॉफ़ी ठंडी हो जाती है,
और कप में रह जाता है
एक अधूरा-सा स्वाद,
जैसे मोहब्बत का आख़िरी घूँट।
घड़ी की टिक-टिक सुनाई देती है,
पर वक़्त कहीं अटका हुआ लगता है,
जैसे किसी ने उसे रोक दिया हो
तेरे नाम पर।

दिल सोचता है—
क्या तन्हाई भी एक साथी है,
या बस एक आईना,
जिसमें हम अपनी कमी देख लेते हैं।

खिड़की के बाहर शाम उतरती है,
और आसमान के रंग बदलते हैं,
जैसे किसी ने चुपचाप
दिन की कहानी समेट ली हो।

सड़क पर चलती भीड़ को देखता हूँ,
हर चेहरा कहीं पहुँचने की जल्दी में है,
पर मेरा वक़्त
तेरी यादों के मोड़ पर ठहरा हुआ है।

कभी हवा तेरी खुशबू ले आती है,
और दिल को एक पल के लिए लगता है
कि शायद तू
यहीं कहीं पास खड़ी है।

कमरे की दीवारों से बातें करता हूँ,
वो भी जैसे मेरी ख़ामोशी समझती हैं,
और बिना बोले
मेरे साथ बैठी रहती हैं।

पुरानी तस्वीरों को देखता हूँ,
जहाँ मुस्कानें अब भी वैसी ही हैं,
पर उनके पीछे छुपी कहानियाँ
अब बदल चुकी हैं।

कभी लगता है—
कुछ रिश्ते किताबों जैसे होते हैं,
जिन्हें हम बंद तो कर देते हैं,
पर भूल नहीं पाते।

रात धीरे-धीरे गहराती है,
और खिड़की से आती चाँदनी
कमरे में फैल जाती है।

मैं सोचता हूँ—
शायद तन्हाई भी एक सफ़र है,
जहाँ इंसान
खुद से मिलना सीख जाता है।

कभी दिल यह भी कहता है
कि हर इंतज़ार अधूरा नहीं होता,
कुछ इंतज़ार
ज़िंदगी को नया मोड़ दे देते हैं।

शायद किसी दिन
दरवाज़े पर दस्तक होगी,
और ये ख़ामोशी
फिर से कहानी बन जाएगी।

मैं समझने लगा हूँ—
कि तन्हाई भी दुश्मन नहीं,
कभी-कभी वही
सबसे सच्चा साथी बन जाती है।

तेरे होने से मेरा होना

चाँदनी रात में दिल का दिया जलता है,
रूह की गहराइयों में नाम तेरा पलता है।

गुलाब की ख़ुशबू भी तुझसे ही है,
हर रंग में तेरा ही चेहरा दिखता है।

साँसों की सरगम तू ही बन जाए,
दिल की हर धड़कन तुझको गुनगुनाए।

तेरे बिना सूना है ये जहाँ,
तेरे साथ ही मिलता है ख़ुदा का निशाँ।

इश्क़ की राह में काँटे भी फूल बनते हैं,
तेरी मुस्कान से सारे ग़म ढलते हैं।

इश्क़ है दरिया गहरा,
जिसमें डूबे तो मिलता है सारा सहारा।

तेरे नाम से ही है मेरी पहचान,
तेरे बिना अधूरी है मेरी जान।

तेरी आँखों में जो उजाला है,
वही मेरी रातों का सहारा है।

तेरी ख़ामोशी में भी गीत छुपे हैं,
तेरे लफ़्ज़ों से ही मेरे सपने जुड़े हैं।

तेरे स्पर्श से मिटती है हर थकान,
तेरे होने से ही है मेरा जहान।

तेरी हँसी में है बचपन की मासूमियत,
तेरे आँचल में है सुकून की हक़ीक़त।

तेरे बिना ये दिल वीरान सा लगता है,
तेरे साथ हर पल जन्नत सा लगता है।

तेरी यादों से ही है मेरी रूह का रंग,
तेरे बिना सब कुछ है अधूरा और तंग।

इश्क़ है वो दीपक जो बुझता नहीं,
तेरे नाम से ही मेरी दुनिया सजी रहती है।

तेरी आवाज़ में जैसे सुबह की अज़ान,
जिसे सुनकर जाग उठता है मेरा जहान।

तेरी आँखों में जैसे समंदर का नूर,
जिसमें खो जाए दिल हर बार मजबूर।

तेरे साथ हर लम्हा कविता बन जाता है,
हर दर्द भी जैसे साज़ बन जाता है।

तेरे कदमों की आहट से महकती हैं राहें,
तेरे होने से खिल उठती हैं हर चाहें।

अगर तू साथ हो तो सफ़र आसान है,
तेरे बिना हर रास्ता वीरान है।
तेरे नाम की रोशनी दिल में जलती है,
और उसी उजाले में मेरी दुनिया पलती है।

तेरे होने से ही मेरा होना है,
तेरी मोहब्बत ही मेरा सारा ख़ज़ाना है।

चाँदनी रात में दिल का दिया जलता है,
रूह की गहराइयों में नाम तेरा पलता है।

गुलाब की ख़ुशबू भी तुझसे ही है,
हर रंग में तेरा ही चेहरा दिखता है।

साँसों की सरगम तू ही बन जाए,
दिल की हर धड़कन तुझको गुनगुनाए।

तेरे बिना सूना है ये जहाँ,
तेरे साथ ही मिलता है ख़ुदा का निशाँ।

इश्क़ की राह में काँटे भी फूल बनते हैं,
तेरी मुस्कान से सारे ग़म ढलते हैं।

इश्क़ है दरिया गहरा,
जिसमें डूबे तो मिलता है सारा सहारा।

तेरे नाम से ही है मेरी पहचान,
तेरे बिना अधूरी है मेरी जान।

तेरी आँखों में जो उजाला है,
वही मेरी रातों का सहारा है।
तेरी ख़ामोशी में भी गीत छुपे हैं,
तेरे लफ़्ज़ों से ही मेरे सपने जुड़े हैं।

तेरे स्पर्श से मिटती है हर थकान,
तेरे होने से ही है मेरा जहान।

तेरी हँसी में है बचपन की मासूमियत,
तेरे आँचल में है सुकून की हक़ीक़त।

तेरे बिना ये दिल वीरान सा लगता है,
तेरे साथ हर पल जन्नत सा लगता है।

तेरी यादों से ही है मेरी रूह का रंग,
तेरे बिना सब कुछ है अधूरा और तंग।

इश्क़ है वो दीपक जो बुझता नहीं,
तेरे नाम से ही मेरी दुनिया सजी रहती है।

तेरी आवाज़ जैसे सुबह की अज़ान,
जिससे जाग उठता है मेरा जहान।

तेरी आँखों में जैसे समंदर का नूर,
जिसमें खो जाए दिल हर बार मजबूर।

तेरे साथ हर लम्हा कविता बन जाता है,
हर दर्द भी जैसे साज़ बन जाता है।

तेरे कदमों की आहट से महकती हैं राहें,
तेरे होने से खिल उठती हैं हर चाहें।
अगर तू साथ हो तो सफ़र आसान है,
तेरे बिना हर रास्ता वीरान है।

तेरे नाम की रोशनी दिल में जलती है,
उसी उजाले में मेरी दुनिया पलती है।

तेरी यादें जैसे रात का सितारा,
जो अँधेरे में भी देता है सहारा।

तेरी बातें जैसे मीठी-सी धुन,
जिसे सुनकर थम जाता है हर ग़म।

तेरे हाथों की गर्मी में सुकून मिलता है,
जैसे सफ़र में कोई घर मिल जाता है।

तेरे साथ बैठना भी इबादत लगता है,
तेरा नाम लेना भी मोहब्बत लगता है।

तेरे होने से ही मेरा होना है,
तेरी मोहब्बत ही मेरा सारा ख़ज़ाना है।

तेरे साथ हर लम्हा रोशन लगता है,
और तेरे बिना हर दिन अधूरा लगता है।

तेरी हँसी में जैसे बहार उतर आती है,
और तेरी चुप्पी में भी कहानी नज़र आती है।

तेरी यादें दिल में दीया जलाती हैं,
और उसी रोशनी में मेरी दुनिया मुस्कुराती है।

प्रकृति से भी ख़ूबसूरत

उसके चेहरे पर सुबह की रोशनी उतरती है,
जैसे ओस की बूँदों में चाँदनी ठहरती है।

उसकी आँखों में जंगल का सन्नाटा है,
जहाँ पंछियों की पुकार भी इबादत बन जाती है।

ज़ुल्फ़ें उसकी बादलों की परछाईं,
बरसात से पहले की ठंडी हवाओं की सच्चाई।

होंठ उसके गुलाब की पंखुड़ियों का राज़,
जैसे बाग़ में खिला कोई ख़्वाब।

वो चलती है तो धरती पर बहार उतर आती है,
हर क़दम पर मौसम अपनी सूरत बदल जाता है।

उसकी हँसी में झरनों की गूँज छुपी है,
जैसे पहाड़ों से कोई रूहानी धुन बहती है।

उसकी नज़र में समंदर की गहराई है,
जहाँ लहरें भी सजदे में झुक जाती हैं।

उसकी मौजूदगी से आसमान रंग बदलता है,
सूरज भी ठहरकर उसे देख मुस्कुराता है।

वो जब बोलती है तो शब्द फूल बन जाते हैं,
हर अल्फ़ाज़ से ख़ुशबू की बारिश हो जाती है।

उसकी ख़ामोशी में भी प्रकृति की तान है,
जैसे जंगल में छिपा कोई अनसुना गान है।
उसकी आँखों में शाम की नर्मी है,
और उसके सपनों में सुबह की गरमी है।

वो हँस दे तो लगता है वसंत उतर आया,
और उसके चलने से जैसे चमन मुस्कुराया।

उसके स्पर्श में मिट्टी की सोंधी महक है,
जैसे पहली बारिश की हल्की चमक है।

उसकी रूह में जैसे धरती की गहराई है,
जहाँ हर दर्द के बाद भी हरियाली समाई है।

उसकी मौजूदगी से सन्नाटा भी गीत बन जाता है,
हर सूना लम्हा भी संगीत बन जाता है।

वो है तो हवा में भी नर्मी उतर आती है,
और हर सूखी डाल में कोंपलें मुस्कुराती हैं।

कभी लगता है प्रकृति ने उसे फुर्सत से बनाया है,
हर रंग, हर मौसम उसमें समाया है।

और सच तो यही है—
वो सिर्फ़ ख़ूबसूरत नहीं,
प्रकृति की ही एक **चलती-फिरती कविता** है।

उसके चेहरे पर सुबह की रोशनी उतरती है,
जैसे ओस की बूँदों में चाँदनी ठहरती है।

उसकी आँखों में जंगल का सन्नाटा है,
जहाँ पंछियों की पुकार भी इबादत बन जाती है।
ज़ुल्फ़ें उसकी बादलों की परछाईं,
बरसात से पहले की ठंडी हवाओं की सच्चाई।

होंठ उसके गुलाब की पंखुड़ियों का राज़,
जैसे बाग़ में खिला कोई ख़्वाब।

वो चलती है तो धरती पर बहार उतर आती है,
हर क़दम पर मौसम अपनी सूरत बदल जाता है।

उसकी हँसी में झरनों की गूँज छुपी है,
जैसे पहाड़ों से कोई रूहानी धुन बहती है।

उसकी नज़र में समंदर की गहराई है,
जहाँ लहरें भी सजदे में झुक जाती हैं।

उसकी मौजूदगी से आसमान रंग बदलता है,
सूरज भी ठहरकर उसे देख मुस्कुराता है।

वो जब बोलती है तो शब्द फूल बन जाते हैं,
हर अल्फ़ाज़ से ख़ुशबू की बारिश हो जाती है।

उसकी ख़ामोशी में भी प्रकृति की तान है,
जैसे जंगल में छिपा कोई अनसुना गान है।

उसकी आँखों में शाम की नर्मी है,
और उसके सपनों में सुबह की गरमी है।

वो हँस दे तो लगता है वसंत उतर आया,
और उसके चलने से जैसे चमन मुस्कुराया।
उसके स्पर्श में मिट्टी की सोंधी महक है,
जैसे पहली बारिश की हल्की चमक है।

उसकी रूह में जैसे धरती की गहराई है,
जहाँ हर दर्द के बाद भी हरियाली समाई है।

उसकी मौजूदगी से सन्नाटा भी गीत बन जाता है,
हर सूना लम्हा भी संगीत बन जाता है।

वो है तो हवा में भी नर्मी उतर आती है,
और हर सूखी डाल में कोंपलें मुस्कुराती हैं।

कभी लगता है प्रकृति ने उसे फुर्सत से बनाया है,
हर रंग, हर मौसम उसमें समाया है।

उसकी आँखों में जैसे सावन का नशा है,
जिसे देखकर दिल भी भीगने लगता है।

उसकी चाल में नदी का सा बहाव है,
जो चुपचाप हर दिल को छू जाता है।

उसकी मुस्कान जैसे धूप की पहली किरण,
जो ठंडे दिलों में भी गर्मी जगा देती है।

उसकी आवाज़ में जैसे कोयल की तान है,
जो हर सूने आँगन को गीत बना देती है।

उसकी परछाईं भी जैसे पेड़ों की छाँव,
जहाँ थका हुआ दिल सुकून पा लेता है।
वो जब आसमान की ओर देखती है,
तो लगता है सितारे भी झुककर उसे निहारते हैं।

उसकी मौजूदगी में मौसम ठहर जाते हैं,
और हवाएँ भी धीरे चलने लगती हैं।

वो जैसे प्रकृति का सबसे सुंदर राज़ हो,
जिसे हर नज़र देखे पर समझ न पाए।

कभी लगता है—
चाँद ने अपनी चाँदनी उससे उधार ली है,
और फूलों ने अपनी ख़ुशबू उससे माँगी है।

क्योंकि सच तो यही है—
वो सिर्फ़ ख़ूबसूरत नहीं,
प्रकृति की ही एक **जीती-जागती कविता** है।

और शायद इसी लिए
जब वो मुस्कुराती है,
तो लगता है
पूरी प्रकृति मुस्कुरा उठी हो।

पिता, बेटी और डर

तेरी हँसी मेरे घर की सबसे प्यारी आवाज़ है,
पर बाहर की दुनिया में वही हँसी मुझे डराती है।
तेरे कदमों की आहट मेरे लिए संगीत है,
पर जब तू बाहर जाती है,
हर कदम पर मेरा दिल काँपता है।
मैं जानता हूँ, तू परियों जैसी मासूम है,
पर ये दुनिया परियों की कहानियों जैसी नहीं।
यहाँ नजरें हैं, सवाल हैं,
और वो खामोशियाँ हैं जो मुझे सोने नहीं देतीं।

बेटी...
तेरे सपनों को मैं आसमान देना चाहता हूँ,
पर डर है कि कहीं ये आसमान
तेरे पंखों को पहचानने से पहले ही काट न दे।
तेरी मुस्कान में मेरा सारा सुकून है,
पर उसी मुस्कान को बचाने के लिए
मैं हर रोज़ अपने डर से लड़ता हूँ।

बेटी...
तू मेरी सबसे बड़ी ताक़त है,
और मेरी सबसे गहरी कमज़ोरी भी।
क्योंकि इस दुनिया से मुझे डर नहीं,
बस तेरे लिए डर है।

मैं तुझे बंदिशों की बेड़ियों में नहीं बाँधना चाहता,
बस तेरी राह के हर काँटे को ख़ुद चुनना चाहता हूँ।

तू उड़ना सीख, तू गिरकर संभलना सीख,
मैं बस साये की तरह तेरे पीछे खड़ा रहना चाहता हूँ।

लोग कहते हैं बेटियाँ पराया धन होती हैं,
पर सच तो ये है कि तू ही मेरी असली जागीर है।

जब तक साँस है, तुझे हर बुरी नज़र से बचाऊँगा,
क्योंकि तू महज़ मेरी बेटी नहीं, मेरी लकीर है।

मैं तुझे पिंजरे में कैद नहीं करना चाहता,
बस तेरी उड़ान को तूफ़ानों से बचाना चाहता हूँ।

तू बढ़े, तू जीते, तू अपनी मंज़िल को पाए,
मैं बस तेरी राह के पत्थरों को हटाना चाहता हूँ।

कभी-कभी सोचता हूँ कि क्या मैं तुझे बांध रहा हूँ?
पर सच तो ये है, मैं खुद को तुझमें ढूंढ रहा हूँ।

मेरी फिक्र को तू मेरी बंदिश मत समझना,
मैं बस इस बेरहम दुनिया की साज़िशों से डर रहा हूँ।

तू मेरी दुआओं का सबसे खूबसूरत जवाब है,
मेरी सूखी ज़िंदगी में पलता एक ख़्वाब है।
तुझे डरना नहीं सिखाना, तुझे लड़ना सिखाना है,
पर उस लड़ाई में तुझे चोट न लगे, बस यही मेरा अरमान है।

एक दिन तू अपना घर, अपना संसार बसाएगी,
तब शायद ये बाप की बेचैनी तुझे समझ आएगी।

तब तक मेरी ये दुआ हर पल तेरे साथ रहेगी,
कि ये दुनिया तेरे लिए उतनी ही मासूम हो, जितनी तू है।

मैं जानता हूँ, एक दिन तू उड़ेगी अपनी मर्ज़ी से,
और मेरा हाथ छूट जाएगा तेरी हथेली से।

उस दिन के लिए मैं खुद को तैयार करता हूँ,
पर सच तो ये है, उस खामोश विदाई से मैं डरता हूँ।

दुनिया की नज़रें तुझे शायद पराया समझें,
पर तू मेरी रूह का अटूट हिस्सा है।

तुझे हारने नहीं दूँगा, तुझे टूटने नहीं दूँगा,
तू मेरी ज़िंदगी का सबसे हसीन किस्सा है।

तेरी हिम्मत ही अब मेरा हौसला बनेगी,
तेरी जीत ही मेरी पहचान बनेगी।

मैं रहूँ या न रहूँ, ये दुआ सदा रहेगी,
कि तू इस दुनिया में बेखौफ और आजाद जिएगी।

बेटी...
तू सिर्फ मेरी कमजोरी नहीं, मेरी पहचान है,
तू ही मेरा गुरूर, और तू ही मेरा जहान है।
बस इतना याद रखना, जब भी दुनिया डराएगी,
तेरे पीछे तेरे पिता की दुआ हमेशा खड़ी पाएगी।

माँ की आँखों में बेटी

तेरे चेहरे पर जो मासूमियत है,
वो मेरे जीवन की सबसे पवित्र तस्वीर है।

पर हर बार जब तू बाहर जाती है,
मेरे दिल में एक अनकहा डर जन्म लेता है।

तेरी हँसी मेरे घर की रोशनी है,
पर वही हँसी मुझे दुनिया की नज़रों से बचानी पड़ती है।

तेरे सपनों की उड़ान मेरी सबसे बड़ी दुआ है,
पर हर उड़ान में मुझे तूफानों का अंदेशा होता है।

मैं चाहती हूँ
तेरे कदमों के नीचे सिर्फ़ फूल हों,
तेरी राहों में सिर्फ़ उजाला।

पर जानती हूँ
इस दुनिया की धूल अक्सर सपनों को धुंधला कर देती है।

तेरी आँखों की चमक मेरी सबसे बड़ी जीत है,
तेरी मासूमियत मेरी सबसे गहरी कमजोरी।

मैं हर रोज़ तुझे देखती हूँ,
जैसे कोई नाजुक कविता,
जिसे दुनिया की कठोरता से बचाना है।

माँ होने का मतलब यही है
प्यार और डर का संगम।

जहाँ हर दुआ तेरे लिए है,
और हर डर भी सिर्फ़ तेरे लिए।

पर फिर सोचती हूँ, तुझे रोकना मेरी हार होगी,
तेरी उड़ान ही तो मेरे विश्वास की पुकार होगी।

मैंने तुझे काँच सा सम्भाला है अब तक,
पर अब तुझे फौलाद बनकर दुनिया से टकराना होगा।

तू गिरेगी तो मैं हाथ थामने खड़ी रहूँगी,
तेरी हर चोट को अपनी दुआओं से भरूँगी।

पर लड़ना तुझे खुद है, अपनी पहचान के लिए,
इस मतलबी दुनिया में खुद के सम्मान के लिए।

तू सिर्फ मेरा अंश नहीं, मेरा गर्व है,
तेरी हर जीत मेरे लिए एक बड़ा पर्व है।

जा, नाप ले आसमान अपनी मर्जी के साथ,
डर को छोड़, थाम ले अपनी हिम्मत का हाथ।

मेरी ममता अब तेरी ढाल बनेगी, जंजीर नहीं,
तू खुद लिखेगी अपनी सुनहरी तक़दीर, लकीर नहीं।

माँ का दिल हमेशा धड़केगा तेरे ही नाम से,
पर तू सुकून से जीना, बेखौफ होकर, शान से।

मेरी दुआओं का घेरा सदा तेरे साथ चलेगा,
वक्त चाहे कैसा भी हो, तू सूरज सी चमकेगी।

जो हुनर मैंने तुझे दिया, वो तेरी ढाल बनेगा,
तू अपनी कहानी खुद अपने हाथों से लिखेगी।

तू सिर्फ मेरा अक्स नहीं, मेरा विस्तार है,
तू ही मेरा कल है, तू ही मेरा संसार है।

जब भी तू थक जाए, इस आँचल में लौट आना,
यहाँ न कोई डर होगा, न कोई दुनिया का ताना।

अब जा, अपनी उड़ान से आसमान को छोटा कर दे,
अपनी मासूमियत से इस दुनिया को थोड़ा और रोशन कर दे।

माँ का दिल हमेशा तेरे पीछे खड़ा रहेगा,
तेरी जीत का जश्न, मेरी सासों से भी बड़ा रहेगा।

अकेलापन

भीड़ के बीच भी सन्नाटा बोलता है,
दिल के भीतर कोई खालीपन डोलता है।
दीवारों पर परछाइयाँ ठहर जाती हैं,
खिड़कियों से चुप्पियाँ उतर आती हैं।

सपनों की राह में साथी नहीं मिलता,
हर मोड़ पर बस सन्नाटा ही सिलता।
रात की चादर में तारे भी दूर हैं,
चाँद भी कहता है—सब कुछ अधूरा है।

कदमों की आहट खुद से ही टकराती है,
रूह की थकान आँखों में उतर जाती है।
अकेलापन है जैसे सूखा हुआ दरिया,
जिसमें बहते नहीं कोई गीत, कोई ज़रिया।

दिल की किताब में पन्ने खाली पड़े हैं,
यादों के अक्षर भी धुंधले खड़े हैं।
ख़ामोशी का बोझ हर साँस पर भारी है,
जैसे कोई अनकहा राज़ अब तक जारी है।

पर इसी सन्नाटे में एक सच छुपा है,
ख़ुद को पाने का रास्ता यहीं बना है।
अकेलापन है दर्द भी, दवा भी साथ,
यही सिखाता है, खुद से निभाना हर रात।

सन्नाटे की जुबाँ अब समझ आने लगी है,
ख़ामोशी भी मीठे गीत सुनाने लगी है।
जो शोर बाहर था, वो अंदर थम गया,
तन्हाई का अक्स रूह में जम गया।

आईने में चेहरा अब पराया नहीं लगता,
खुद का साथ अब बोझ सा साया नहीं लगता।
दुनिया की महफ़िल से दूर निकल आए हैं,
हम अपने ही साये में सुस्ताने आए हैं।

आसमाँ के सितारे अब हमराह लगते हैं,
ये अंधेरे भी अब दिल के गवाह लगते हैं।
खो गए थे कहीं ज़माने की भीड़ में,
मिले हैं खुद से, इसी सन्नाटे की नीड़ (घोंसले) में।

अकेलापन नहीं है कोई सज़ा मेरे दोस्त,
ये तो है खुद से मिलने की रज़ा मेरे दोस्त।
भीड़ में खोए थे, अब खुद को पा लिया है,
तन्हाई को हमने अपना हमसफ़र बना लिया है।

अब आईने से भी गुफ़्तगू (बातचीत) होने लगी है,
अकेलेपन की चादर भी अब सोने सी लगी है।
बाहर के मेलों से जी अब ऊब सा गया है,
खुद के ही साये में जैसे चाँद डूब सा गया है।

ख़ामोशी की ज़ुबाँ को अब पढ़ना सीख लिया,
गिरते-सँभलते इस राह पर बढ़ना सीख लिया।
दुनिया का शोर अब कानों को खलता नहीं,
अकेला है मुसाफ़िर, पर अब रास्ता बदलता नहीं।

ये जो सन्नाटा है, ये कोई वीराना नहीं है,
ये तो अपनों के बीच भी अपना ठिकाना ही है।
खिड़की के पार भले ही दुनिया का मेला हो,
सुकून तो वहीं है जहाँ इंसान अकेला हो।

तन्हाई ने सिखाया कि हम खुद के कितने करीब हैं,
वरना इस भीड़ में तो हम सब ही गरीब हैं।
रिश्तों की धूप में जब साये भी जलने लगे,
तब हम तन्हा ही अपनी मंज़िल को चलने लगे।

अकेलापन कोई सज़ा नहीं, एक वरदान है,
यहीं से शुरू होती रूह की पहचान है।
अब न किसी की तलब है, न किसी का इंतज़ार,
खुद की महफ़िल में ही बसा लिया है हमने संसार।

रातों में खुद से बातें

रात की चादर तले सब कुछ थम गया है,
पर मन का कोलाहल अब भी बह रहा है।

खिड़की से झाँकता है चाँद उदास,
जैसे पूछ रहा हो दिल का हर राज़।

सन्नाटा बाहर है, भीतर तूफ़ान,
विचारों की लहरें करती हैं बयान।

कदमों की आहट कहीं सुनाई नहीं देती
पर यादों की परछाईं हर ओर फैली रहती है।

बीते दिनों की तस्वीरें उभर आती हैं,
अनकहे शब्दों की गूँज डराती है।

अकेलापन है जैसे कोई लंबा सफ़र,
जिसमें साथी नहीं, बस खुद का असर।

रात की नमी में दिल और भारी हो जाता,
हर ख़ामोशी में कोई सवाल जग जाता।

सपनों की डोर टूटती-सी लगती है,
आशाओं की लौ भी धुँधली-सी दिखती है।

पर इसी अँधेरे में एक उजाला छुपा है,
खुद को पहचानने का रास्ता बना है।

अकेली रात सिखाती है गहरी बात,
सन्नाटे में भी मिलती है रूह की सौगात।

धीरे-धीरे बीतती है रात की हर घड़ी,
जैसे वक़्त सुनाता हो कोई अधूरी कड़ी।

तारों की चुप्पी में भी एक कहानी है,
हर चमक के पीछे कोई निशानी है।

मन की गलियों में यादें टहलने लगती हैं,
बीते लम्हों की परछाइयाँ पिघलने लगती हैं।

कभी कोई मुस्कान अचानक लौट आती है,
कभी कोई कसक दिल को फिर सताती है।

रात की खामोशी में सच साफ़ दिखता है,
जो दिन की भीड़ में अक्सर छिपता है।

जब खुद से मिलने का वक़्त मिल जाता है,
तब हर दर्द भी जैसे गीत बन जाता है।

सुबह की पहली किरण जब दस्तक देती है,
रात की हर उलझन धीरे-धीरे सुलझ जाती है।

रात की चादर तले सब कुछ थम गया है,
पर मन का कोलाहल अब भी बह रहा है।

खिड़की से झाँकता है चाँद उदास,
जैसे पूछ रहा हो दिल का हर राज़।
सन्नाटा बाहर है, भीतर तूफ़ान,
विचारों की लहरें करती हैं बयान।

कदमों की आहट कहीं सुनाई नहीं देती,
पर यादों की परछाईं हर ओर फैली रहती है।

बीते दिनों की तस्वीरें उभर आती हैं,
अनकहे शब्दों की गूँज डराती हैं।

अकेलापन है जैसे कोई लंबा सफ़र,
जिसमें साथी नहीं, बस खुद का असर।

रात की नमी में दिल और भारी हो जाता,
हर ख़ामोशी में कोई सवाल जग जाता।

सपनों की डोर टूटती-सी लगती है,
आशाओं की लौ भी धुँधली-सी दिखती है।

पर इसी अँधेरे में एक उजाला छुपा है,
खुद को पहचानने का रास्ता बना है।

अकेली रात सिखाती है गहरी बात,
सन्नाटे में भी मिलती है रूह की सौगात।

धीरे-धीरे बीतती है रात की हर घड़ी,
जैसे वक़्त सुनाता हो कोई अधूरी कड़ी।

तारों की चुप्पी में भी एक कहानी है,
हर चमक के पीछे कोई निशानी है।
मन की गलियों में यादें टहलने लगती हैं,
बीते लम्हों की परछाइयाँ पिघलने लगती हैं।

कभी कोई मुस्कान अचानक लौट आती है,
कभी कोई कसक दिल को फिर सताती है।

चाँद की रोशनी खामोश-सी गिरती है,
जैसे दिल की थकान को धीरे सहलाती है।

रात के दामन में कितने राज़ छिपे रहते हैं,
जो दिन की रौशनी में कहे नहीं जाते हैं।

खामोश हवाएँ भी कुछ कहने लगती हैं,
रूह की गहराइयों को छूने लगती हैं।

जब दुनिया की आवाज़ें सो जाती हैं,
तब दिल की सच्चाइयाँ जाग जाती हैं।

कुछ दर्द शब्दों में ढल जाते हैं,
कुछ आँसू खामोशी में पल जाते हैं।

रात की गोद में बैठकर मन समझाता है,
हर अँधेरा सुबह से पहले ही आता है।

धीरे-धीरे उम्मीद फिर जगने लगती है,
टूटी हुई राह भी सजने लगती है।

सुबह की पहली किरण जब मुस्काती है,
रात की हर उलझन सुलझ जाती है।

पहली मुलाक़ात का एहसास

वक़्त की किताब में वो पन्ना नया था,
नज़रें मिलीं तो जैसे कोई सपना सजा था।

हवा में थी हल्की-सी ख़ुशबू अनजानी,
दिल ने कहा—यही है अपनी कहानी।

शब्द कम थे, पर ख़ामोशी बोल रही थी,
आँखों की भाषा दिल को खोल रही थी।

कदमों की आहट में था संगीत का रंग,
हर पल में छुपा था मोहब्बत का संग।

दोस्ताना मुस्कान ने दिल को छुआ,
जैसे बरसों से खोया अपनापन मिला।

पहली मुलाक़ात थी जैसे कोई दुआ,
जिसमें छुपा था जीवन का सुर नया।

सवालों के बीच जवाब मिलते गए,
अनजाने रास्ते अपने लगते गए।

वक़्त थम गया था उस पल की बाँहों में,
जैसे जन्नत उतर आई निगाहों में।

दिल ने कहा—ये शुरुआत है ख़ास,
याद रहेगी उम्रभर इस मुलाक़ात का एहसास।

नज़रों की चुप्पी में कई बातें थीं,
जैसे दिल की गहराइयों से मुलाक़ातें थीं।

हल्की-सी हँसी में छुपा था इक राज़,
जिसे समझ रहा था दिल बेआवाज़।

धड़कनों ने जैसे कोई गीत छेड़ा,
मुलाक़ात ने दिल का मौसम ही बदला।

उस पल की सादगी में जादू-सा था,
जैसे हर लम्हा किसी ख्वाब-सा था।

नज़रें झुकीं तो शर्म का रंग छा गया,
दिल का हर कोना जैसे मुस्का गया।

बातें छोटी थीं, मगर असर गहरा था,
जैसे दिल को कोई अपना ठहरा था।

रास्ते अलग थे, मगर एहसास एक,
उस पल ने जोड़ दिए दिल के अनेक।

शाम ढली तो यादों की रोशनी रह गई,
उस मुलाक़ात की मिठास दिल में बस गई।

आज भी जब वो पल याद आता है,
दिल अनजाने ही मुस्कुरा जाता है।

पहली मुलाक़ात का वो प्यारा एहसास,
जिंदगी की किताब में बन गया ख़ास।
वक़्त की किताब में वो पन्ना नया था,
नज़रें मिलीं तो जैसे कोई सपना सजा था।

हवा में थी हल्की-सी ख़ुशबू अनजानी,
दिल ने कहा—यही है अपनी कहानी।

शब्द कम थे, पर ख़ामोशी बोल रही थी,
आँखों की भाषा दिल को खोल रही थी।

कदमों की आहट में था संगीत का रंग,
हर पल में छुपा था मोहब्बत का संग।

दोस्ताना मुस्कान ने दिल को छुआ,
जैसे बरसों से खोया अपनापन मिला।

पहली मुलाक़ात थी जैसे कोई दुआ,
जिसमें छुपा था जीवन का सुर नया।

सवालों के बीच जवाब मिलते गए,
अनजाने रास्ते अपने लगते गए।

वक़्त थम गया था उस पल की बाँहों में,
जैसे जन्नत उतर आई निगाहों में।

दिल ने कहा—ये शुरुआत है ख़ास,
याद रहेगी उम्रभर इस मुलाक़ात का एहसास।

नज़रों की चुप्पी में कई बातें थीं,
जैसे दिल की गहराइयों से मुलाक़ातें थीं।
हल्की-सी हँसी में छुपा था एक राज़,
जिसे समझ रहा था दिल बेआवाज़।

धड़कनों ने जैसे कोई गीत छेड़ा,
मुलाक़ात ने दिल का मौसम ही बदला।

उस पल की सादगी में जादू-सा था,
जैसे हर लम्हा किसी ख़्वाब-सा था।

नज़रें झुकीं तो शर्म का रंग छा गया,
दिल का हर कोना जैसे मुस्का गया।

बातें छोटी थीं, मगर असर गहरा था,
जैसे दिल को कोई अपना ठहरा था।

रास्ते अलग थे, मगर एहसास एक,
उस पल ने जोड़ दिए दिल के अनेक।

शाम ढली तो यादों की रोशनी रह गई,
उस मुलाक़ात की मिठास दिल में बस गई।

आज भी जब वो पल याद आता है,
दिल अनजाने ही मुस्कुरा जाता है।

वो पहली नज़र जैसे ठहर-सी गई,
दिल की दुनिया अचानक बदल-सी गई।

लफ़्ज़ कम थे मगर एहसास गहरे,
जैसे मिल गए हों बिछड़े हुए पहरे।
उस पल की खुशबू आज भी बाकी है,
दिल की किताब में वो यादें चाँदी-सी हैं।

एक छोटी-सी मुलाक़ात का असर ऐसा हुआ,
जैसे जीवन को नया रास्ता मिला।

वक़्त आगे बढ़ गया अपनी चाल से,
पर वो लम्हा ठहर गया ख़याल से।

कभी हवा चलती है तो याद दिलाती है,
वो पहली मुलाक़ात फिर सामने लाती है।

कभी दिल चुपके से ये कह जाता है,
कुछ रिश्ते बस एहसासों से बन जाता है।

मैं एक लड़की हूँ

मैं एक लड़की हूँ,
ख़्वाबों की नमी और उम्मीदों की रोशनी हूँ,
हर सुबह की पहली दुआ में छुपी ताज़गी हूँ।

मैं एक लड़की हूँ,
चाँदनी की नर्म छाँव और सूरज की तपिश हूँ,
बरसात से पहले की हवाओं की सरगम हूँ।

मैं एक लड़की हूँ,
गुलाब की पंखुड़ियों का राज़ और ख़ुशबू हूँ,
झरनों की हँसी और समंदर की गहराई हूँ।

मैं एक लड़की हूँ,
धरती की बहार और आसमान की रंगत हूँ,
हर मौसम की बदलती सूरत में मेरी पहचान है।

मैं एक लड़की हूँ,
नज़्मों की तहरीर और ग़ज़लों का मिसरा हूँ,
हर अल्फ़ाज़ में मोहब्बत का असर हूँ।

मैं एक लड़की हूँ,
ज़िंदगी की धड़कन, मोहब्बत की पहचान,
प्रकृति की ख़ूबसूरती में बसती मेरी जान।

मैं एक लड़की हूँ,
सपनों की परछाई और हक़ीक़त की आवाज़ हूँ,
हर दिल में छुपी मोहब्बत की परवाज़ हूँ।

मैं एक लड़की हूँ,
मिट्टी की ख़ुशबू और बारिश की सुहानी गूँज हूँ,
हर तन्हाई में छुपा हुआ सुकून हूँ।

मैं एक लड़की हूँ,
साहस की मिसाल और उम्मीदों की उड़ान हूँ,
टूटे हुए सपनों में भी जगती पहचान हूँ।

मैं एक लड़की हूँ,
माँ की ममता और बेटी का अरमान हूँ,
घर की हँसी और आँगन की मुस्कान हूँ।

मैं एक लड़की हूँ,
संघर्ष की राहों में खिलता हुआ फूल हूँ,
आँधियों के बीच भी अडिग खड़ा उसूल हूँ।

मैं एक लड़की हूँ,
रात की तन्हाई में चमकता हुआ तारा हूँ,
हर अँधेरे के बाद आने वाला उजियारा हूँ।

मैं एक लड़की हूँ,
दर्द को सहकर भी मुस्कुराने की आदत हूँ,
हर मुश्किल में खुद को संभालने की हिम्मत हूँ।

मैं एक लड़की हूँ,
इतिहास की कहानी और भविष्य का सपना हूँ,
धरती की शक्ति और जीवन का अपना हूँ।

मैं एक लड़की हूँ,
रिश्तों की डोर और प्रेम की परिभाषा हूँ,
हर दिल में बसने वाली मधुर अभिलाषा हूँ।
मैं एक लड़की हूँ,
आसमान छूने की चाह और ज़मीन से जुड़ी हूँ,
अपनी पहचान से दुनिया में खड़ी हूँ।

मैं एक लड़की हूँ,
सिर्फ़ एक शब्द नहीं, पूरी कहानी हूँ,
संघर्ष, प्रेम और साहस की निशानी हूँ।

मैं एक लड़की हूँ,
ख़्वाबों की नमी और उम्मीदों की रोशनी हूँ,
हर सुबह की पहली दुआ में छुपी ताज़गी हूँ।

मैं एक लड़की हूँ,
चाँदनी की नर्म छाँव और सूरज की तपिश हूँ,
बरसात से पहले की हवाओं की सरगम हूँ।

मैं एक लड़की हूँ,
गुलाब की पंखुड़ियों का राज़ और ख़ुशबू हूँ,
झरनों की हँसी और समंदर की गहराई हूँ।

मैं एक लड़की हूँ,
धरती की बहार और आसमान की रंगत हूँ,
हर मौसम की बदलती सूरत में मेरी पहचान है।

मैं एक लड़की हूँ,
नज़्मों की तहरीर और ग़ज़लों का मिसरा हूँ,
हर अल्फ़ाज़ में मोहब्बत का असर हूँ।

मैं एक लड़की हूँ,
ज़िंदगी की धड़कन, मोहब्बत की पहचान,
प्रकृति की ख़ूबसूरती में बसती मेरी जान।
मैं एक लड़की हूँ,
सपनों की परछाई और हक़ीक़त की आवाज़ हूँ,
हर दिल में छुपी मोहब्बत की परवाज़ हूँ।

मैं एक लड़की हूँ,
मिट्टी की ख़ुशबू और बारिश की सुहानी गूँज हूँ,
हर तन्हाई में छुपा हुआ सुकून हूँ।

मैं एक लड़की हूँ,
साहस की मिसाल और उम्मीदों की उड़ान हूँ,
टूटे हुए सपनों में भी जगती पहचान हूँ।

मैं एक लड़की हूँ,
माँ की ममता और बेटी का अरमान हूँ,
घर की हँसी और आँगन की मुस्कान हूँ।

मैं एक लड़की हूँ,
संघर्ष की राहों में खिलता हुआ फूल हूँ,
आँधियों के बीच भी अडिग खड़ा उसूल हूँ।

मैं एक लड़की हूँ,
रात की तन्हाई में चमकता हुआ तारा हूँ,
हर अँधेरे के बाद आने वाला उजियारा हूँ।

मैं एक लड़की हूँ,
दर्द को सहकर भी मुस्कुराने की आदत हूँ,
हर मुश्किल में खुद को संभालने की हिम्मत हूँ।

मैं एक लड़की हूँ,
इतिहास की कहानी और भविष्य का सपना हूँ,
धरती की शक्ति और जीवन का अपना हूँ।
मैं एक लड़की हूँ,
रिश्तों की डोर और प्रेम की परिभाषा हूँ,
हर दिल में बसने वाली मधुर अभिलाषा हूँ।

मैं एक लड़की हूँ,
आसमान छूने की चाह और ज़मीन से जुड़ी हूँ,
अपनी पहचान से दुनिया में खड़ी हूँ।

मैं एक लड़की हूँ,
सिर्फ़ एक शब्द नहीं, पूरी कहानी हूँ,
संघर्ष, प्रेम और साहस की निशानी हूँ।

मैं एक लड़की हूँ,
दीये की लौ और अंधेरों की रोशनी हूँ,
टूटे हुए दिलों की फिर से बनी ज़िंदगी हूँ।

मैं एक लड़की हूँ,
हौसलों की उड़ान और सपनों की राह हूँ,
खामोशियों में भी बोलती एक चाह हूँ।

मैं एक लड़की हूँ,
ममता का सागर और प्रेम की धारा हूँ,
हर रिश्ते को जोड़ने वाली किनारा हूँ।

मैं एक लड़की हूँ,
रात की चाँदनी और सुबह की किरण हूँ,
जीवन की धुन में बसी मधुर सी धड़कन हूँ।

मैं एक लड़की हूँ,
पगडंडियों से चलकर मंज़िल बनाने वाली,
अपने सपनों से दुनिया सजाने वाली।
मैं एक लड़की हूँ,
तूफ़ानों से लड़कर भी मुस्कुराने वाली,
टूटे पंखों से भी आसमान छूने वाली।

मैं एक लड़की हूँ,
संवेदनाओं की गहराई और विश्वास हूँ,
जीवन की हर कहानी का एहसास हूँ।

मैं एक लड़की हूँ,
धरती की शक्ति और सृजन की पहचान हूँ,
हर नए जीवन की पहली मुस्कान हूँ।

कलाकार

रंगों से खेलता है, सुरों से सजाता है,
कलाकार दिल की दुनिया को जगमगाता है।

कला है खुदा का नूर,
जिससे मिटते हैं दिल के सारे सुरूर।

कभी तूलिका से बनाता है सपना,
कभी गीतों से जगाता है अपना।

कला है इबादत, कला है दुआ,
कला से ही मिलता है खुदा का पता।

हर रेखा में छुपा है एक जहाँ,
हर सुर में गूँजता है इंसाँ।

कलाकार है रूह का आईना,
उसमें दिखता है सारा ज़माना।

कला से ही है जीवन का रंग,
कला से ही है दिल का संग।

उसकी उँगलियों में है जादू का खेल,
हर रचना में छुपा है दिल का मेल।

कभी मिट्टी से गढ़ता है रूप,
कभी शब्दों से करता है अनूप।

कला है वो दरिया जो बहता निरंतर,
कला है वो दीप जो जलता अखंड।

कलाकार है समय का साक्षी महान,
उसकी कला में जीता है पूरा जहान।

कलाकार है खुदा का दूत,
उसकी रचना से मिलता है जीवन का सूत्र।

कभी रंगों में लिखता है कहानी,
कभी सुरों में ढूँढ़ता है रवानी।

कभी शब्दों से सजती है तस्वीर,
कभी खामोशी में जन्म लेती तदबीर।

कलाकार की आँखों में सपनों का जहाँ,
हर कल्पना में बसता है नया आसमाँ।

वो दर्द को भी गीत बना देता है,
हर आँसू को मोती बना देता है।

कभी कैनवास पर उकेरता है रूह,
कभी कविता में ढाल देता है सुकून।

उसके दिल में भावनाओं का सागर है,
हर लहर में छुपा एक मंज़र है।

वो अंधेरों में भी रंग भर देता है,
सूने दिलों में भी स्वर भर देता है।
हर रचना में उसकी आत्मा बोलती है,
हर लकीर में एक कहानी डोलती है।

कला उसके लिए सिर्फ़ हुनर नहीं,
ये उसकी रूह की सच्ची ज़ुबान है।

जब दुनिया थक कर रुक जाती है,
कलाकार की कल्पना फिर भी चलती जाती है।

उसकी रचना समय से परे हो जाती है,
हर पीढ़ी में नई रोशनी बन जाती है।

कला से ही जीवन का विस्तार है,
हर कलाकार खुद में एक संसार है।

रंगों से खेलता है, सुरों से सजाता है,
कलाकार दिल की दुनिया को जगमगाता है।

कला है खुदा का नूर,
जिससे मिटते हैं दिल के सारे सुरूर।

कभी तूलिका से बनाता है सपना,
कभी गीतों से जगाता है अपना।

कला है इबादत, कला है दुआ,
कला से ही मिलता है खुदा का पता।

हर रेखा में छुपा है एक जहाँ,
हर सुर में गूँजता है इंसाँ।
कलाकार है रूह का आईना,
उसमें दिखता है सारा ज़माना।

कला से ही है जीवन का रंग,
कला से ही है दिल का संग।

उसकी उँगलियों में है जादू का खेल,
हर रचना में छुपा है दिल का मेल।

कभी मिट्टी से गढ़ता है रूप,
कभी शब्दों से करता है अनूप।

कला है वो दरिया जो बहता निरंतर,
कला है वो दीप जो जलता अखंड।

कलाकार है समय का साक्षी महान,
उसकी कला में जीता है पूरा जहान।

कलाकार है खुदा का दूत,
उसकी रचना से मिलता है जीवन का सूत्र।

कभी रंगों में लिखता है कहानी,
कभी सुरों में ढूँढ़ता है रवानी।

कभी शब्दों से सजती है तस्वीर,
कभी खामोशी में जन्म लेती तदबीर।

कलाकार की आँखों में सपनों का जहाँ,
हर कल्पना में बसता है नया आसमाँ।
वो दर्द को भी गीत बना देता है,
हर आँसू को मोती बना देता है।

कभी कैनवास पर उकेरता है रूह,
कभी कविता में ढाल देता है सुकून।

उसके दिल में भावनाओं का सागर है,
हर लहर में छुपा एक मंज़र है।

वो अंधेरों में भी रंग भर देता है,
सूने दिलों में भी स्वर भर देता है।

हर रचना में उसकी आत्मा बोलती है,
हर लकीर में एक कहानी डोलती है।

कला उसके लिए सिर्फ़ हुनर नहीं,
ये उसकी रूह की सच्ची ज़ुबान है।

जब दुनिया थक कर रुक जाती है,
कलाकार की कल्पना फिर भी चलती जाती है।

उसकी रचना समय से परे हो जाती है,
हर पीढ़ी में नई रोशनी बन जाती है।

कला से ही जीवन का विस्तार है,
हर कलाकार खुद में एक संसार है।

वो ख़ामोश पलों में भी रंग भर देता है,
सूनी राहों में भी संग भर देता है।
उसकी कल्पना की उड़ान निराली है,
हर रचना में छुपी एक दीवाली है।

कभी शब्दों से बनाता है उजाला,
कभी सुरों से मिटा देता है अँधियाला।

उसकी सोच आसमान से भी बड़ी होती है,
हर कल्पना नई कहानी गढ़ती है।

कलाकार का दिल बहुत नाज़ुक होता है,
पर उसके हौसले पहाड़ से ऊँचे होते हैं।

वो दर्द से भी सुंदरता गढ़ लेता है,
हर टूटन से नई रचना कर लेता है।

उसके सपनों में रंगों का मेला है,
हर लकीर में छुपा जीवन का रेला है।

कला उसकी साँसों में बस जाती है,
हर धड़कन में धुन बन जाती है।

सपनों की पतंग

सपनों की डोर जब अचानक बिखर जाती है,
दिल की खिड़की पर चुप्पी उतर आती है।

आँखों में जो रंग थे उम्मीद के,
वो धुंधले होकर रह जाते हैं तन्हाई के।

संघर्ष की राह में थकान बढ़ जाती है,
हर मंज़िल अधूरी-सी रह जाती है।

इच्छाओं के फूल मुरझा जाते हैं,
ख़्वाहिशों के दीप बुझ जाते हैं।

सपनों का टूटना है जैसे कोई दरार,
जिसमें खो जाता है जीवन का आधार।

हर कोशिश का बोझ दिल पर चढ़ता है,
हर हार का दर्द रूह में गहराता है।

पर उसी टूटन में छुपा है सबक,
कि हर गिरावट से मिलता है नया पथ।

सपनों का टूटना अंत नहीं है,
ये संघर्ष का एक रंग है।

अधूरी इच्छाएँ भी राह दिखाती हैं,
संघर्ष की आग से रूह जलाती हैं।

सपनों का टूटना है दर्द का आलाप,
पर उसी से जन्म लेता है नया प्रताप।

टूटे ख्वाबों की किरचों में भी चमक होती है,
हर अँधेरी रात के बाद नई सुबह होती है।

जो बिखर गया, वो भी सिखा गया जीना,
हर दर्द ने सिखाया है फिर से हँसना।

राहें भले ही धुंधली हो जाएँ कभी,
हौसलों की लौ मगर बुझती नहीं सभी।

सपनों की पतंग फिर आसमान छूती है,
जब उम्मीद की हवा उसे फिर से छूती है।

टूटे ख्वाबों की किरचों में भी चमक होती है,
हर अँधेरी रात के बाद नई सुबह होती है।

जो बिखर गया, वो भी सिखा गया जीना,
हर दर्द ने सिखाया है फिर से हँसना।

राहें भले ही धुंधली हो जाएँ कभी,
हौसलों की लौ मगर बुझती नहीं सभी।

सपनों की पतंग फिर आसमान छूती है,
जब उम्मीद की हवा उसे फिर से छूती है।

कुछ आँसू चुपचाप दिल में उतर जाते हैं,
बिना आवाज़ किए कई किस्से कह जाते हैं।
वक़्त की आँधी सब कुछ उड़ा ले जाती है,
पर यादों की मिट्टी फिर भी महक जाती है।

हर ज़ख्म एक नई कहानी कहता है,
टूटा दिल भी कभी मुस्कुराना सीखता है।

जो खो गया, वो मुक़द्दर की बात थी,
जो मिल गया, वही असली सौगात थी।

गिरकर संभलना ही तो जीवन की रीत है,
हर हार के बाद जीत की प्रीत है।

सन्नाटों में भी एक शोर छुपा होता है,
खामोशी में भी दिल बहुत कुछ कहता है।

उम्मीद की किरण जब दिल में जगती है,
टूटी हुई दुनिया फिर से बसती है।

हर अंत के बाद एक नई शुरुआत होती है,
यही ज़िंदगी की सबसे बड़ी सौगात होती है।

दिल के आईने में कुछ धुंध-सी छा जाती है,
यादों की बारिश फिर सब कुछ भिगो जाती है।

टूटे हुए लम्हों की आवाज़ सुनाई देती है,
खामोशी भी जैसे कोई ग़ज़ल गुनगुनाती है।

हर मोड़ पर ज़िंदगी इम्तिहान लेती है,
मुस्कान के पीछे भी थकान रहती है।
कभी ख़ुद से ही ख़ुद का सामना करना पड़ता है,
भीड़ में रहकर भी तन्हा होना पड़ता है।

जो अधूरा है वही तो कहानी बनता है,
पूरा होकर तो हर ख़्वाब खो जाता है।

वक़्त की लकीरों में सब कुछ लिखा नहीं होता,
कुछ दर्द यूँ ही बिना वजह भी होता है।

हिम्मत के परिंदे जब उड़ान भरते हैं,
टूटे हुए ख्वाब भी आसमान छूते हैं।

राहों के काँटे भी फूल बन जाते हैं,
जब कदम हौसलों के साथ बढ़ जाते हैं।

हर गिरावट में छुपी एक ऊँचाई होती है,
हर ठोकर में एक सच्चाई होती है।

दिल अगर टूटा है तो जुड़ भी जाएगा,
वक़्त हर घाव को एक दिन भर जाएगा।

कभी रुक कर भी सफर पूरा करना होता है,
खुद को खोकर ही खुद को पाना होता है।

जो आज दर्द है, कल दास्तान बनेगा,
यही ज़ख्म एक दिन पहचान बनेगा।

आख़िर किसे कहूँ अपना घर

आधी ज़िंदगी माँ के आँगन में गुज़री,
जहाँ हर दीवार पर मोहब्बत का रंग था,
जहाँ का हर कोना दुआओं की ख़ुशबू से महकता था।

आधी ज़िंदगी ससुराल की चौखट पर बसी,
जहाँ ज़िम्मेदारियों का बोझ है,
जहाँ हर मुस्कान में सब्र का इम्तिहान है।

मैं एक लड़की हूँ,
दो घरों के दरमियान बँटी हुई पहचान हूँ,
माँ की दुआ और ससुराल की उम्मीदों का सामान हूँ।
कभी ख़्वाबों में मायके की छाँव तलाशती हूँ,
कभी हक़ीक़त में ससुराल की रोशनी सँभालती हूँ।

आख़िर किसे कहूँ अपना घर,
जहाँ बचपन की हँसी अब भी गूँजती है,
या जहाँ आज की ज़िम्मेदारियाँ मुझे थामती हैं।

मैं एक लड़की हूँ,
मोहब्बत और फ़र्ज़ की दरिया हूँ,
दो किनारों के बीच बहती हुई तक़दीर हूँ।

कभी माँ की गोद की नर्मी याद आती है,
कभी ससुराल की चौखट पर अपनी जगह तलाशती हूँ।
कभी दिल कहता है मायका ही मेरा आशियाना था,
कभी ज़िंदगी कहती है ससुराल ही अब मेरा ठिकाना है।

मैं एक लड़की हूँ,
दो दुनियाओं के बीच झूलती एक रूह हूँ,
जिसकी पहचान मोहब्बत और सब्र से ही पूरी होती है।
कभी ख़ुद को ढूँढती हूँ आईनों के बीच,
कभी रिश्तों में अपनी परछाई तलाशती हूँ।

मेरी ख़ामोशी भी कई बातें कह जाती है,
हर आँसू में एक अनकही दास्तान बस जाती है।

ना पूरी तरह वहाँ हूँ, ना पूरी यहाँ,
मैं तो बस दोनों के बीच की एक दास्तान हूँ।

मायका यादों का मीठा सा अफ़साना है
ससुराल हक़ीक़त का सजीव तराना है।

हर रोज़ खुद को थोड़ा-थोड़ा बदलती हूँ,
अपनों के लिए खुद को ही सँभालती हूँ।

कभी थक कर मुस्कुरा देती हूँ यूँ ही,
कभी बिना वजह आँखें भर आती हैं यूँ ही।

मेरी दुनिया दो नामों में बँटी सही,
पर मेरी रूह एक ही कहानी कहती रही।

एक दिन शायद मैं खुद को पा लूँगी,
इन दो घरों के बीच अपना घर बना लूँगी।

कभी चुपचाप रातों में खुद से बातें करती हूँ,
अपने ही सवालों में उलझती और सुलझती हूँ।

मेरे हिस्से का आसमान भी आधा-सा लगता है,
हर उड़ान में जैसे कोई बंधन साथ चलता है।
मैं वो दीया हूँ जो हर घर में जलता है,
पर खुद के लिए अँधेरा ही सहता है।

मेरी हँसी में छुपे कई राज़ होते हैं,
जो शब्दों से नहीं, बस एहसासों से बयां होते हैं।

कभी अपनों के लिए खुद को भुला देती हूँ,
कभी खुद को पाने की कोशिश में खो जाती हूँ।

मेरे कदमों की आहट भी बदल जाती है,
हर चौखट पर मेरी पहचान ढल जाती है।

मैं रिश्ता हूँ, मैं ज़िम्मेदारी हूँ,
मैं हर घर की एक अनकही कहानी हूँ।

कभी मायके की गलियों में मन भटक जाता है,
कभी ससुराल की दहलीज़ पर दिल सिमट जाता है।

हर दिन एक नया किरदार निभाती हूँ,
कभी बेटी, कभी बहू बन जाती हूँ।

मेरे सपनों का भी एक छोटा-सा जहाँ है,
जो ज़िम्मेदारियों के पीछे कहीं गुमसुम-सा खड़ा है।

मैं टूटती भी हूँ, फिर संभल भी जाती हूँ,
हर बार खुद को और मज़बूत बना जाती हूँ।

मेरे होने की कहानी कुछ ऐसी लिखी है,
जहाँ हर खुशी के साथ थोड़ी कमी भी जुड़ी है।
कभी अपनी ही परछाईं से सवाल करती हूँ,
मैं कौन हूँ—ये सोचकर हर रोज़ सँवरती हूँ।

मेरी खामोशी में भी तूफ़ान पलते हैं,
जो बाहर नहीं आते, बस अंदर ही जलते हैं।

हर रिश्ते को दिल से निभाती हूँ,
फिर भी खुद में कहीं अधूरी रह जाती हूँ।

मैं वो किताब हूँ जिसे सब पढ़ते हैं,
पर मेरे कुछ पन्ने अब भी अनकहे रहते हैं।

कभी आईने में खुद को पहचान नहीं पाती,
हर दिन एक नई सूरत में ढल जाती हूँ।

मेरी थकान को कोई समझ नहीं पाता,
मैं मुस्कान से हर दर्द छुपाती हूँ।

कभी दिल करता है सब छोड़कर उड़ जाऊँ,
फिर ज़िम्मेदारियों की डोर से बंध जाती हूँ।

मेरी ख्वाहिशें भी अब खामोश रहने लगी हैं,
वो भी हालातों के साथ समझौता करने लगी हैं।

मैं वो नदी हूँ जो बहती ही रहती है,
अपने किनारों से कभी कुछ नहीं कहती है।

हर बार खुद को थोड़ा-थोड़ा खो देती हूँ,
पर अपनों के लिए फिर भी मुस्कुरा देती हूँ।
मेरे भीतर एक दुनिया और भी बसती है,
जो हकीकत से दूर, बस ख्वाबों में हँसती है।

एक दिन शायद ये सवाल खत्म हो जाएंगे,
और मेरे दोनों जहाँ एक हो जाएंगे।

तब मैं कह सकूँगी पूरे यकीन के साथ,
कि अब मैंने पा लिया है अपना असली साथ।

रूप-रंग

नाज़ुक पाँवों की साथी, रंग-बिरंगी जूती,
हर क़दम पर बिखेरती है खुशियों की झिलमिलाती धूप-सी रौशनी।

काँच-सी चमक, मोती-सा श्रृंगार,
जैसे चाँदनी रात में टिमटिमाते हों तारे हज़ार।

गाँव की गलियों में जब वो छनकती है,
सपनों की डोर से दिल को बाँधती है।

मेहँदी रचे हाथों के संग,
जूती भी बनती है उत्सव का रंग।

बाज़ार की रौनक, शादी का श्रृंगार,
जूती के बिना अधूरा हर त्योहार।

कढ़ाई की नज़ाकत, धागों का जादू,
हर जोड़ी में छुपा है प्रेम का इरादा साधु।

जब दुल्हन के पाँवों में सजती है,
जैसे रूह को कोई नई पहचान मिलती है।

जूती सिर्फ़ पहनावा नहीं,
संस्कृति का गीत, परंपरा का गहना है यही।

उसकी हर आहट कहती है कहानी,
नारीत्व, सौंदर्य और जीवन की रवानी।

रेशमी धागों में बुने अरमान,
हर टाँका कहे दिल की जुबान।

मिट्टी की खुशबू, कारीगर का प्यार,
हर जोड़ी में बसता है एक संसार।

चलते क़दमों के साथ गूंजती धुन,
जैसे कोई लोकगीत छेड़ दे जीवन का साज़-सुन।

पायल की झंकार संग जब मिलती है,
हर राह जैसे उत्सव में ढलती है।

धूप हो या छाँव का सफ़र,
जूती निभाती है हर डगर।

सदियों की विरासत का है ये मान,
हर रंग में छिपा है भारत का सम्मान।

थकान भी इसके संग मुस्कुराती है,
जब पग-पग पर ये साथ निभाती है।

दुल्हन की हँसी, दहलीज़ की रीत,
जूती में बसती है हर मधुर प्रीत।

रंगों की चादर-सी ओढ़े हर चाल,
जूती में सिमटा है साज-सिंगार का कमाल।

कभी राजस्थानी ठाठ, कभी पंजाबी शान,
हर प्रदेश में इसकी अलग ही पहचान।
घुँघरुओं-सी हल्की इसकी आवाज़,
हर क़दम पर रचती है मधुर सा साज़।

बचपन की गलियों से लेकर ससुराल तक,
जूती संग चलती है हर रिश्ता, हर पल तक।

कभी माटी की सोंधी याद दिलाए,
कभी शहरों की चमक में भी रच जाए।

कदमों की थिरकन, मन की उड़ान,
जूती बन जाती है जीवन की पहचान।

धागों में जैसे बसी हो दुआएँ,
हर सिलाई में छुपी हों अनगिनत वफ़ाएँ।

पर्वों की भीड़ में, रंगों के बीच,
जूती ही सबसे पहले दिल को खींच।

जब थक जाए राही लंबी राहों में,
जूती ही बनती है सुकून बाहों में।

हर जोड़ी जैसे कोई अधूरी कविता,
पहनते ही पूरी हो जाए उसकी कथा।

रिवाज़ों की छाँव, आधुनिकता की धूप,
जूती में मिलता है दोनों का रूप।

नारी के स्वाभिमान की है ये पहचान,
हर क़दम पर बढ़ाती उसका मान-सम्मान।
चलते-चलते जो छूट जाए निशान,
जूती याद दिलाती है बीते अरमान।

चमड़े पे उकेरे जैसे ख़्वाब पुराने,
हर नक़्श में छुपे हों अफ़साने सुहाने।

कभी माँ की सीख, कभी दादी की बात,
जूती में बसती है हर पीढ़ी की सौगात।

रिमझिम बारिश में भीगते क़दम,
जूती संग चलते रहें हर मौसम हर दम।

सूनी राहों को भी दे दे रंगीन मोड़,
जहाँ पड़े क़दम, वहाँ खिल उठे जोड़।

सजती है जब दहलीज़ की पहली सुबह,
जूती संग आता है खुशियों का सबब।

हल्दी, मेंहदी, संगीत की रात,
हर रस्म में इसकी अलग ही बात।

कभी थिरक उठे गरबा की चाल,
कभी गूँज उठे ढोलक की ताल।

बिन कहे जो कह दे दिल की बात,
जूती बन जाती है वो जज़्बात।

मासूम हँसी, आँखों के सपने,
हर क़दम में बसते हैं अपने-अपने।
कभी बिछड़न की राहों में साथ निभाए,
जूती हर दर्द को चुपके से सह जाए।

नए घर की दहलीज़ पर पहला क़दम,
जूती संग जुड़ता है जीवन का हर संगम।

धूप की तपिश हो या सर्द हवाएँ,
जूती हर मौसम में संग मुस्कुराए।

रिवायत की खुशबू, आधुनिकता का रंग,
हर रूप में ढल जाए इसका ही ढंग।

नारी के साहस की मूक गवाही,
हर राह में बनती उसकी सच्ची साथी।

तुझसे जुदा होना

तेरी आँखों में ठहरा हुआ समंदर,
मेरे होंठों पर बिखरी हुई ख़ामोशी।

जाने कितनी अधूरी बातें रह गईं,
जाने कितने सपनों की परछाइयाँ।

तेरे बिना ये शहर भी अजनबी लगे,
तेरे बिना ये मौसम भी सूना लगे।

रात की चाँदनी पूछे मेरा हाल,
दिन की धूप भी अब बोझिल लगे।

तेरे क़दमों की आहट अब नहीं आएगी,
तेरी हँसी की गूँज अब नहीं लौटेगी।

मैंने चाहा था तुझे कविता की तरह,
तू बिखर गई जैसे अधूरी पंक्ति।

विदाई का ये क्षण भी एक गीत है,
जिसे गाना है आँसुओं के सुर में।

तू चली जा रही है, मैं ठहर रहा हूँ,
पर दिल में तेरी परछाई रह जाएगी।

कभी मिलेंगे शायद किसी और मोड़ पर,
जहाँ अलविदा भी मुस्कान बन जाएगी।

तेरे जाने के बाद ये ख़ामोशी भी बोलती है,
हर सन्नाटा तेरी यादों में डोलती है।

दीवारों पर टंगी तेरी हँसी की तस्वीरें,
अब हर रोज़ मुझसे सवाल करती हैं।

खिड़की से आती हवा भी तेरा नाम लिखे,
हर झोंका जैसे तेरा पैग़ाम लिखे।

रातें अब लंबी कहानियाँ सुनाती हैं,
जिनमें तू है, पर अधूरी रह जाती हैं।

कभी सोचा न था यूँ बिछड़ना होगा,
हर लम्हा तुझे यूँ तरसना होगा।

तेरी यादों का शहर बस गया है मुझमें,
जहाँ हर गली में तेरा ही घर होगा।

आँखों में नमी, दिल में एक खालीपन,
जैसे कोई अपना छूट गया हो जीवन।

तू दूर सही, पर एहसास पास है,
तेरी हर बात अब भी मेरे साथ है।

टूटे हुए लम्हों को जोड़ता रहता हूँ,
तेरी यादों से खुद को समेटता रहता हूँ।

ये जुदाई भी शायद इम्तिहान है,
जहाँ दर्द ही मेरा अब अरमान है।
अगर लौट आए तू किसी बहाने से,
मैं फिर वही अधूरी कहानी लिख दूँ।

तेरे बिना अब ये दिल भी घर नहीं लगता,
हर धड़कन में कोई सफ़र नहीं लगता।

यादों की चादर ओढ़े बैठा हूँ मैं,
पर कोई ख़्वाब अब मुकम्मल नहीं लगता।

तेरे लफ़्ज़ों की गर्माहट ढूँढता हूँ,
हर सन्नाटे में तेरी आहट ढूँढता हूँ।

कभी जो हँसते थे तेरे संग बेवजह,
अब वो पल भी मुझे रुलाते हैं बेवजह।

तेरे बिना जो गुज़रती है हर एक शाम,
जैसे अधूरी रह गई हो कोई दास्तान।

तू जो साथ थी तो हर दर्द भी आसान था,
अब हर खुशी भी जैसे एक इम्तिहान सा है।

रिश्तों की डोर भी अब ढीली सी लगे,
हर अपनापन जैसे फ़ासलों में जगे।

तू दूर है फिर भी पास लगती है,
तेरी याद हर पल मेरे साथ चलती है।

कभी दिल ये मानने को तैयार नहीं,
कि तू अब मेरी दुनिया का हिस्सा नहीं।
तेरी आवाज़ की वो नरमी याद आती है,
जो हर दर्द को चुपके से सुला जाती है।

वक़्त भी जैसे ठहर-सा गया है,
तेरे जाने के बाद सब बिखर-सा गया है।

अगर ये जुदाई मुक़द्दर में लिखी थी,
तो क्यों तेरी मोहब्बत इतनी गहरी थी।

अब तो दुआ भी बस इतनी सी है,
तू जहाँ भी हो, तेरी दुनिया हँसती रहे।

तेरे जाने से जो खालीपन मिला है,
वो हर खुशी में भी खलता सा रहा है।

लबों पर मुस्कान सजा लेता हूँ मैं,
पर अंदर कहीं तू ही रोता रहा है।

कभी ख़त लिखूँ तो अल्फ़ाज़ नहीं मिलते,
तेरी याद में जज़्बात नहीं सिलते।

जो बात अधूरी थी तेरे जाने से,
वो दिल के किसी कोने में अब भी खिलते।

तेरी राहों में जो फूल बिछाए थे कभी,
वो अब काँटों में बदलते नज़र आते हैं सभी।

हर मोड़ पे तेरी याद ठहर जाती है,
जैसे वक़्त भी तेरे संग रुक जाता है वहीं।
तू जो मिला था तो ज़िंदगी महकी थी,
अब तेरे बिना हर सांस बहकी सी है।

कभी सोचा था साथ चलेंगे उम्र भर,
अब ये राहें भी मुझसे अनजानी सी हैं।

तेरे ख्वाबों की जो दुनिया बसाई थी,
वो अब यादों की वीरानी बन आई है।

हर कोना तेरा नाम पुकारे चुपके से,
ये तन्हाई भी जैसे तेरी परछाई है।

दिल को समझाता हूँ हर रोज़ मगर,
ये तुझसे मिलने की ज़िद करता है फिर।

कैसे कह दूँ कि अब सब ठीक है,
जब हर धड़कन में तेरा ही असर।

वो जो वादे थे, वो जो कसमें थीं,
सब अब ख़ामोशी की रस्में हैं।

तू कहीं और सही, मैं कहीं और सही,
पर मोहब्बत की वही कसमे हैं।

खुद पर भरोसा

अँधेरों से डरना नहीं, उजाला पास ही है,
हर गिरावट के बाद उठना ही विश्वास की पहचान है।

संघर्ष की आँधी जब राह रोकती है,
हौसलों की लौ ही आगे झोंकती है।

पसीने की बूँदें हैं मेहनत का गीत,
हर कोशिश में छुपा है जीत का संगीत।

हार को मत मानो जीवन का अंत,
वो तो है बस नए आरंभ का छंद।

सपनों की डोर को कसकर थाम लो,
हर मुश्किल को मुस्कान से थाम लो।

रास्ते कठिन हों, मंज़िल दूर लगे,
पर साहस से हर कदम मज़बूत लगे।

विश्वास है वो दीप जो बुझता नहीं,
आशा है वो दरिया जो रुकता नहीं।

हर चोट से सीखो, हर घाव को सहो,
जीवन की किताब में नया अध्याय गढ़ो।

खुद पर भरोसा ही सबसे बड़ा सहारा है,
यही कहता है—जीवन जीने का इशारा है।

जब थक जाओ तो ठहरकर खुद को संभालो,
हर ठहराव में भी आगे बढ़ने का उजाला है।

टूटे हुए ख्वाबों से भी रास्ते बनते हैं,
हर बिखराव में छुपे नए हौसले मिलते हैं।

आँखों में उम्मीद की रौशनी जलाए रखो,
अंधेरों को हराने का यही तो तरीका है।

जो खुद पे यक़ीन रखे, वो हारता नहीं,
वक़्त चाहे जैसा हो, वो टूटता नहीं।

खामोशियों में भी एक आवाज़ होती है,
जो दिल को कहती है—तू अभी बाकी है।

हर सुबह एक नई शुरुआत लेकर आती है,
हर रात की कहानी में भी एक सीख छुपी होती है।

चलते रहो तो रास्ते खुद बनते जाएंगे,
रुकने से तो ख्वाब भी धुंधले पड़ जाएंगे।

अपने इरादों को इतना बुलंद कर लो,
कि किस्मत भी कहे—अब मैं क्या कर लूँ।

दिल की आवाज़ को कभी दबने मत देना,
यही तो रास्ता है खुद से मिलने का।

मुश्किलें जितनी बड़ी हों, हिम्मत भी बढ़ाओ,
हर अँधेरे के बाद सूरज को पास पाओ।
जो गिरकर संभलता है, वही सच्चा जीतता है,
हर ठोकर इंसान को और मज़बूत बनाती है।

उम्मीद का दामन कभी छोड़ना मत,
यही तो जीवन का सबसे सच्चा साथी है।

जब दुनिया सवाल करे तेरे हौसलों पर,
तब अपने कर्मों से जवाब देना।

हर दर्द को अपनी ताकत बना लो,
हर आँसू को अपनी आदत बना लो।

खुद की पहचान को कभी खोने मत देना,
भीड़ में रहकर भी खुद को बचाए रखना।

मंज़िल उन्हें ही मिलती है जो डटे रहते हैं,
जो तूफानों में भी रास्ते गढ़ते रहते हैं।

ज़िंदगी एक किताब है, हर दिन नया पन्ना,
जो लिखना है, वो खुद ही लिखना।

जब हालात तेरे खिलाफ़ खड़े हों,
तब खुद को अपने साथ खड़ा करना।

रौशनी खुद से ही पैदा करनी होती है,
दीये बाहर से नहीं, अंदर से जलते हैं।

हर ख्वाब को हकीकत में बदलने का जुनून रखो,
सिर्फ सोचने से नहीं, करने का सुकून रखो।

एकतरफ़ा प्यार

तेरे नाम की ख़ामोशी में जीता हूँ,
तेरे चेहरे की परछाईं में खोता हूँ।

तू जानती भी नहीं मेरी तड़प को,
मैं हर धड़कन में तुझे पुकारता हूँ।

तेरे बिना ये शहर भी वीरान लगे,
तेरे बिना ये मौसम भी बेजान लगे।

तेरी हँसी का उजाला मेरे हिस्से नहीं,
तेरी आँखों का सपना मेरे पास नहीं।

मैंने चाहा तुझे जैसे दुआ चाहती है,
तू रही दूर जैसे आसमान सितारों से।

तेरे नाम की किताब अधूरी रह गई,
तेरे ख़त की स्याही सूनी रह गई।

तू किसी और की दुनिया में रौशन है,
मैं तेरे साये में अँधेरा चुनता हूँ।

ये इश्क़ मेरा है, तेरा नहीं,
पर इसकी ख़ुशबू तुझसे ही आती है।

एकतरफ़ा मोहब्बत भी इश्क़ ही है,
बस इसका अंजाम तन्हाई कहलाता है।

तेरी यादों की बारिश में भीगता हूँ,
हर पल तुझे सोचकर ही जीता हूँ।

कभी तेरी राहों में खुद को ढूँढता हूँ,
कभी अपने ही दिल से मैं रूठता हूँ।

तेरी एक झलक के लिए तरसता हूँ,
ख़्वाबों में ही सही, तुझे महसूस करता हूँ।

तू पास होकर भी मेरी नहीं होती,
ये दूरी हर रोज़ मुझे तोड़ती है।

मेरे लफ़्ज़ों में तेरा ही ज़िक्र रहता है,
मेरा हर शेर तुझसे ही मुकम्मल होता है।

कभी सोचता हूँ भूल जाऊँ तुझे,
फिर दिल कहता है—ये मुमकिन नहीं।

तेरी चाहत मेरी आदत बन गई है,
और ये आदत अब मेरी इबादत बन गई है।

तेरी खामोशियों को भी पढ़ लेता हूँ,
तेरे अनकहे अल्फ़ाज़ों में रहता हूँ।

कभी तेरी यादों से दिल भर जाता है,
कभी उसी याद में सुकून पाता हूँ।
तू जो हँस दे तो जहाँ रोशन लगे,
तेरे बिना हर खुशी अधूरी लगे।

मैंने हर मोड़ पर तेरा इंतज़ार किया,
अपने हर ख़्वाब को तुझ पर वार किया।

तू मेरी तक़दीर में नहीं शायद,
फिर भी तुझे पाने का ऐतबार किया।

तेरे बिना भी जीने की आदत डाल ली,
पर ये आदत भी अधूरी सी लगती है।

मेरे लफ़्ज़ों में जो दर्द झलकता है,
वो तेरी ही यादों से पलता है।

कभी खुद से भी छुपकर रो लेता हूँ,
तेरी तस्वीर को सीने से लगा लेता हूँ।

तू मिले ना मिले ये मुक़द्दर की बात है,
पर तुझसे मोहब्बत मेरी हर हालात है।

अब ये दिल भी समझौता कर चुका है,
फिर भी तेरा नाम धड़कनों में बस चुका है।

तेरे जाने के बाद भी सब वही है,
बस मेरे अंदर कुछ भी पहले जैसा नहीं है।

मैंने तेरे बिना भी मुस्कुराना सीख लिया,
पर वो मुस्कान अब सच्ची नहीं रही।
तेरे ख्यालों का सिलसिला रुकता नहीं,
ये दिल तुझसे जुदा होकर भी छूटता नहीं।

कभी तेरे नाम से ही दिन शुरू होता है,
और तेरे ख़्याल पर ही रात ढलती है।

तू भूल गया होगा मुझे आसानी से,
मैं आज भी तुझे याद करने की वजह ढूँढता हूँ।

मेरी मोहब्बत की कोई मंज़िल नहीं,
ये बस एक सफ़र है जो खत्म नहीं होता।

तेरे बिना भी ज़िन्दगी चल तो रही है,
पर हर खुशी में एक कमी सी रहती है।

कभी तेरी बातों में खुद को पाया था,
अब उन्हीं बातों में खुद को खोता हूँ।

तेरा ज़िक्र आए तो दिल ठहर सा जाता है,
जैसे वक्त भी तेरा इंतज़ार करता हो।

मैंने हर दर्द को चुपचाप सह लिया,
बस तेरे नाम को कभी कम न होने दिया।

ये इश्क़ भी अजीब सौदा है,
जिसमें नुकसान ही फायदा लगता है।

तू मेरी कहानी का हिस्सा ना बन सका,
पर मेरी हर कहानी तुझसे ही शुरू होती है।
तेरे लौट आने की उम्मीद भी नहीं,
फिर भी दरवाज़ा खुला रखता हूँ।

कभी तेरे नाम से दिल भर आता है,
कभी उसी नाम से खुद को समझाता हूँ।

तू मेरी दुआओं में आज भी शामिल है,
चाहे मेरी तक़दीर में नहीं है।

मेरी ख़ामोशी भी तुझसे बातें करती है,
हर सन्नाटा तेरा ज़िक्र करता है।

मैंने तुझे खोकर भी खोया नहीं,
तू आज भी मेरी रूह में बसा है कहीं।

तेरे बिना जो खालीपन है,
उसे कोई और भर नहीं सकता।

मैंने खुद को तेरे नाम कर दिया,
और तू किसी और का हो गया।

ये दिल हर रोज़ टूटता है,
पर तेरे लिए फिर भी धड़कता है।

तू अगर एक बार मुड़कर देख ले,
तो शायद मेरी दुनिया फिर से बस जाए।

मेरे इश्क़ की यही कहानी है,
तू मेरा होकर भी कभी मेरा नहीं।
कभी लगता है सब भूल जाऊँ,
फिर तेरी यादें मुझे जीने नहीं देतीं।

ये जो अधूरी सी मोहब्बत है,
यही मेरी सबसे बड़ी हकीकत है।

तेरे बिना भी तुझसे जुड़ा हूँ मैं,
शायद यही इश्क़ का असली सिला है।

संघर्ष

रास्तों की धूल में छिपी कहानियाँ हैं,
कदमों की थकान की भी निशानियाँ हैं।

हर मोड़ पर कोई नया इम्तिहान मिलता है,
हर सफ़र में कोई अनजाना जहान मिलता है।

मंज़िलें कभी पास, कभी दूर लगती हैं,
कभी सपनों जैसी, कभी हक़ीक़त बनती हैं।

चलते-चलते साँसें भी थम जाती हैं,
पर उम्मीद की लौ फिर जल जाती है।

कभी लगता है मंज़िल बस सामने है,
कभी लगता है रास्ता ही अपना घर है।

तेरी तलाश में मैं खुद को ढूँढता हूँ,
तेरे साये में मैं अपनी पहचान बुनता हूँ।

मंज़िलें सिर्फ़ पहुँचने का नाम नहीं,
ये तो जीने का, सीखने का पैग़ाम हैं।

हर ठोकर एक नया सबक देती है,
हर गिरावट नई उड़ान देती है।

संघर्ष

मंज़िलें वही हैं जो दिल को छू जाएँ,
वरना सफ़र ही सबसे बड़ा गीत बन जाए।

कभी धूप में जलना पड़ता है,
कभी छाँव भी सुकून नहीं देती।

कभी अपनों से ही लड़ना पड़ता है,
कभी खुद से ही जंग चलती रहती।

हौसलों की राह आसान नहीं होती,
हर जीत के पीछे कई हार छुपी होती।

जो गिरकर भी फिर से उठ खड़ा हो,
वही असली जीत का हक़दार होता है।

रात चाहे कितनी भी गहरी क्यों न हो,
सुबह का उजाला आ ही जाता है।

थककर रुकना भी ज़रूरी होता है,
ताकि फिर से चलने का हौसला मिले।

हर दर्द में एक कहानी छुपी होती है,
हर आँसू में एक रवानी छुपी होती है।

जो खुद पर यक़ीन करना सीख गया,
वो हर मुश्किल को आसान कर गया।

संघर्ष ही इंसान को गढ़ता है,
उसी से उसका असली वजूद बनता है।

कभी रास्ते खुद ही खो जाते हैं,
कभी हम ही रास्तों से भटक जाते हैं।
आँधियों से डरकर जो ठहर जाते हैं,
वो अक्सर मंज़िल से दूर रह जाते हैं।

जो चल पड़े हैं दिल में आग लिए,
वो हर अंधेरे में उजाला कर जाते हैं।

कभी टूटना भी ज़रूरी होता है,
ताकि फिर से खुद को जोड़ सकें।

हर दिन एक नई परीक्षा लाता है,
हर शाम एक नया सबक सिखाती है।

कभी उम्मीदें भी साथ छोड़ देती हैं,
पर हौसले फिर भी रास्ता बना लेते हैं।

जो खामोशी में भी मुस्कुरा सके,
वही दर्द को सच में जीत सके।

कभी सफ़र लंबा लगता है बहुत,
पर पीछे मुड़ो तो छोटा सा लगता है।

हर कदम एक कहानी लिखता है,
हर मोड़ एक नई दिशा दिखाता है।

जो अपने डर से लड़ना सीख गया,
वो दुनिया से भी जीतना सीख गया।

संघर्ष

संघर्ष की आग में जो तपता है,
वही सोना बनकर निकलता है।
कभी हार को भी गले लगाना सीखो,
क्योंकि वही जीत का रास्ता बनाती है।

कभी हालात भी इम्तिहान लेते हैं,
कभी अपने ही अनजान बन जाते हैं।

जो चुपचाप दर्द सहना जान गया,
वो हर मुश्किल में मुस्कुराना जान गया।

कभी कदम लड़खड़ाते भी हैं,
पर हौसले गिरने नहीं देते।

जो खुद को संभालना सीख गया,
वो दुनिया को बदलना सीख गया।

हर अंधेरा एक सबक सिखाता है,
हर उजाला एक नया रास्ता दिखाता है।

कभी अकेलापन भी साथी बन जाता है,
और उसी में इंसान खुद को पा जाता है।

जो सपनों को आँखों में सजाए रखता है,
वो हर मुश्किल में भी उम्मीद बचाए रखता है।

कभी हार का डर सताता है बहुत,
पर जीत का जुनून आगे बढ़ाता है।

जो अपने रास्ते खुद बनाता है,
वही इतिहास में नाम कमाता है।
हर संघर्ष एक कहानी बनता है,
हर कहानी एक मिसाल बन जाती है।

कभी थककर भी चलना पड़ता है,
कभी रुककर भी बढ़ना पड़ता है।

जो गिरकर भी हिम्मत नहीं हारता,
वही असली विजेता कहलाता है।

ज़िंदगी का असली मज़ा इसी में है,
कि गिरकर फिर से उठना आता है।

औरत

मैंने देखा है,
रात की ख़ामोशी में भी
मेरे सवालों की आवाज़ दबा दी जाती है।

मैंने महसूस किया है,
सपनों की चादर पर
किसी और के नाम की सिलाई होती है।

मेरी हँसी को
कभी हल्केपन में बाँध दिया गया,
मेरे आँसुओं को
कमज़ोरी का नाम दे दिया गया।

पर मैं जानती हूँ,
मेरी नज़रें सिर्फ़ आईने तक सीमित नहीं,
वे दुनिया को बदलने की ताक़त रखती हैं।

मैं धरती हूँ,
बीज को जन्म देती हूँ,
और फिर भी
मुझसे ही उपजाऊपन का सबूत माँगा जाता है।

मैंने तय किया है,
अब मेरी चुप्पी भी
एक चीख़ होगी,
मेरे शब्द भी
एक आंदोलन होंगे।

क्योंकि स्त्री होना
सिर्फ़ सहना नहीं,
जीना है,
लिखना है,
और अपनी आँखों से
नया आसमान गढ़ना है।

मैं वो नदी हूँ
जो चुपचाप बहती रही,
पर जब बाँध टूटे,
तो सैलाब बन जाती हूँ।

मैं वो आग हूँ
जिसे राख समझ लिया गया,
पर एक चिंगारी ही
पूरा जहाँ जला सकती है।

मेरे सपनों को
किसी की इजाज़त की ज़रूरत नहीं,
मैं अपनी राह
खुद तय करती हूँ।

मैंने हर ताने को
ताक़त में बदला है,
हर ज़ंजीर को
सीढ़ी बना डाला है।

जो मुझे कमज़ोर समझते हैं,
उन्हें क्या पता—
मैं ही घर भी हूँ,
मैं ही आधार भी।

मेरी खामोशी अब कहानी नहीं,
एक क्रांति का आरंभ है,
मेरे हर शब्द में
अब बदलाव का बीज है।

मैं टूटती नहीं,
बस हर बार
और मज़बूत हो जाती हूँ।

मेरी पहचान
किसी रिश्ते की मोहताज नहीं,
मैं खुद में
एक मुकम्मल संसार हूँ।

मैं वो ख़ामोशी हूँ
जो सदियों से सुनी नहीं गई,
पर अब मेरी गूंज
दीवारों को हिला रही है।

मैं वो सवाल हूँ
जिसे टाल दिया गया हर बार,
अब वही सवाल
हर जवाब पर भारी है।

मेरी उड़ान को
सीमाओं में बाँधना चाहा गया,
पर मेरे हौसलों ने
हर आसमान को छोटा कर दिया।

मैंने अपने टूटे हिस्सों को
खुद ही जोड़ा है,
किसी और के सहारे का
इंतज़ार नहीं किया।

मैं वो आईना हूँ
जो सच दिखाता है,
चाहे वो सच
किसी को भी चुभ जाए।

मेरी रगों में
सिर्फ़ खून नहीं बहता,
उसमें इतिहास की
अनगिनत कहानियाँ बहती हैं।

मैं हर बार गिरी हूँ,
पर हर बार
और ऊँचा उठी हूँ।

मेरे सपनों पर
अब किसी का हक़ नहीं,
मैं उन्हें अपने
नाम से लिखती हूँ।

औरत

मैंने सीखा है
अपने लिए खड़ा होना,
अब मेरी आवाज़
मेरी पहचान है।

मैं वो कहानी हूँ
जो अधूरी नहीं रहेगी,
मैं हर अंत को
नई शुरुआत बना दूँगी।

मैं वो लकीर नहीं
जो किसी ने खींच दी हो,
मैं वो दिशा हूँ
जो खुद रास्ते तय करती है।

मेरे पंखों को
कतरने की कोशिश हुई,
पर मैंने हवा से
दोस्ती कर ली।

मैं वो बीज हूँ
जो पत्थरों में भी उग आता है,
मेरी जड़ें
हर मुश्किल में फैल जाती हैं।

मुझे रोकने के लिए
कई दीवारें खड़ी की गईं,
पर मैंने हर दीवार में
एक दरवाज़ा ढूँढ लिया।

मैंने अपने डर को
आँखों में देखा है,
और उसी डर को
अपनी ताक़त बना लिया है।

मैं वो आवाज़ हूँ
जो दबाई नहीं जा सकती,
मैं वो सच हूँ
जो छुपाया नहीं जा सकता।

मेरी राह में
काँटे बिछाए गए,
पर मैंने उन्हें
अपने कदमों की मज़बूती बना लिया।

मैं किसी की परछाई नहीं,
मैं खुद एक पहचान हूँ,
मेरे होने का मतलब
सिर्फ़ किसी से जुड़ा नहीं।

मैंने खुद को
बार-बार नया गढ़ा है,
हर बार एक
और मज़बूत रूप में।

मैं वो कहानी हूँ
जो वक्त के साथ बदलेगी नहीं,
बल्कि वक्त को
खुद बदल देगी।

निडरता

नारी की आँखों में जो चमक है,
वो सूरज से भी तेज़ है।
उसकी साँसों में जो धुन है,
वो ख़्वाब से भी मधुर है।

ख़्वाबों की डोर थामे,
वो हर अँधेरे को रोशन करती है।
गिरती है, संभलती है,
पर हर बार नई राह गढ़ती है।

नारी की हिम्मत है इश्क़-ए-हक़,
जो हर ज़ंजीर तोड़ दे,
जो हर दीवार गिरा दे।

उसकी मुस्कान में है ताक़त,
उसकी आँखों में है दुआ,
वो खुद ही है मंज़िल,
वो खुद ही है रास्ता।

नारी की रूह कहती है—
मैं हार नहीं मानूँगी,
मैं अपनी परछाई से भी आगे बढ़ूँगी,
क्योंकि मेरी उड़ान
मेरे ख़ुदा की अमानत है।

वो तूफ़ानों से खेलना जानती है,
हर लहर को मोड़ना जानती है।

उसकी ख़ामोशी भी बोलती है,
हर दर्द को खोलती है।
वो राख से उठती चिंगारी है,
हर हार में छुपी जीत की तैयारी है।

उसके कदम जहाँ भी पड़ते हैं,
वहाँ रास्ते खुद बन जाते हैं।

वो सीमाओं में कैद नहीं होती,
वो हर सीमा को तोड़ जाती है।

उसकी पहचान किसी नाम की मोहताज नहीं,
वो खुद में ही एक मुकम्मल आवाज़ है।

वो गिरकर भी बिखरती नहीं,
हर बार और मज़बूत निखरती है।

उसके हौसलों की उड़ान ऐसी,
कि आसमान भी झुक जाए।

वो अपनी कहानी खुद लिखती है,
हर पन्ने को इंकलाब बना देती है।

वो हर गिरावट को सीढ़ी बनाती है,
हर आँसू को मोती बनाती है।

उसकी नज़र में हार का कोई नाम नहीं,
वो हर मुश्किल को आसान बनाती है।

वो अंधेरों से डरती नहीं,
अंधेरों में ही उजाला जलाती है।
उसकी खामोशी में भी तूफ़ान छुपे हैं,
वो जब बोले, तो इतिहास बदल जाती है।

वो किसी के साये में नहीं जीती,
वो खुद अपनी धूप बन जाती है।

उसकी सोच की उड़ान इतनी ऊँची है,
कि सीमाएँ खुद छोटी पड़ जाती हैं।

वो अपने दर्द को ताक़त में ढालती है,
हर जख़्म को पहचान बना लेती है।

वो सिर्फ़ कहानी नहीं, एक मिसाल है,
हर लड़की के सपनों का ख्याल है।

वो हारकर भी हारती नहीं,
हर बार खुद को फिर सँवारती है।

उसकी रगों में बहती है आग,
जो हर जंजीर को पिघला देती है।

वो चुप रहकर भी सब कह जाती है,
अपनी आँखों से दुनिया बदल जाती है।

वो वक़्त की मोहताज नहीं,
वो वक़्त को मोड़ना जानती है।

उसकी हिम्मत की कोई सीमा नहीं,
वो नामुमकिन को भी मुमकिन बनाती है।
वो अपनी राह खुद बनाती है,
किसी मंज़िल का इंतज़ार नहीं करती।

उसकी पहचान किसी रिश्ते से नहीं,
वो खुद अपने अस्तित्व की पहचान है।

वो जब चलती है,
तो इतिहास उसके कदमों के निशान लिखता है।

वो हर दर्द को गीत बना देती है,
हर संघर्ष को जीत बना देती है।

वो ख्वाबों को हकीकत में ढालती है,
हर सोच को कर्म में बदलती है।

वो हार से घबराती नहीं,
हर हार से जीत निकालती है।

उसकी चाल में आत्मविश्वास है,
उसकी आवाज़ में इतिहास है।

वो किसी की इजाज़त की मोहताज नहीं,
वो अपने फैसलों की आवाज़ है।

उसकी आँखों में सिर्फ़ आँसू नहीं,
पूरा समंदर छुपा होता है।

वो जब मुस्कुराती है,
तो दर्द भी झुक जाता है।
वो सीमाओं की परिभाषा बदलती है,
हर बंधन को नया अर्थ देती है।

वो सवाल भी है, जवाब भी है,
वो संघर्ष भी है, इंक़लाब भी है।

उसकी उड़ान में कोई अंत नहीं,
वो हर आसमान से आगे निकलती है।

वो हर जख्म को गहना बना लेती है,
हर दर्द को अपना अफ़साना बना लेती है।

वो खुद की ताक़त पहचान चुकी है,
अब किसी डर की परछाईं नहीं।

वो अपनी किस्मत खुद लिखती है,
किसी और की लिखाई नहीं।

वो हर अंधेरे में दीप जलाती है,
हर तूफ़ान में राह बनाती है।

वो ठहरती नहीं, थमती नहीं,
हर पल खुद को आगे बढ़ाती है।

वो इतिहास की नई किताब है,
हर पन्ने पर उसका नाम है।

वो अब सिर्फ़ कहानी नहीं रही,
वो एक चलती हुई पहचान है।

जड़ों की आवाज़

मैं हूँ उस पेड़ की जड़,
जो धरती में दबा दी गई,
पर उसी से खड़ा है तना,
उसी से साँस लेती हैं शाखें।

मेरी पकड़ मज़बूत है,
जैसे माँ की उँगलियाँ
बच्चे की पहली चाल थामती हैं।

मैंने देखा है,
हर पीढ़ी मेरे सहारे खड़ी हुई,
पर मेरी थकान को
कभी किसी ने नहीं पढ़ा।

मेरे भीतर हैं
दादी की कहानियाँ,
माँ की चुप्पियाँ,
और बेटियों के सपनों की गंध।

मैं जानती हूँ,
जड़ होना मतलब छिप जाना नहीं,
बल्कि विरासत को थामे रहना है।

और जब कोई पूछे,
कहाँ से आती है ताक़त?
तो मैं कहूँगी—
स्त्री की तरह

जड़ें भी चुप रहती हैं,
पर पूरी दुनिया को थामे रहती हैं।

धूप की तपिश में भी
मैं नमी बचाए रखती हूँ,
तूफ़ानों के बीच
खामोशी से डटी रहती हूँ।

मुझ पर ही टिके हैं
आशाओं के ये पत्ते,
मेरे बिना अधूरे हैं
हर मौसम के किस्से।

कभी कोई झुककर
मेरा हाल भी पूछे,
जो दिखता नहीं ऊपर,
वो भी तो सच में जिए।

मैं गहरी हूँ, इसलिए
ऊँचाई को सह पाती हूँ,
अंधेरों में रहकर भी
रोशनी को जन्म देती हूँ।

और याद रखना—
हर ऊँचा पेड़
किसी गहरी जड़ का कर्ज़दार होता है,
हर चमकती दुनिया के पीछे
एक अनकहा आधार होता है।

मैंने सहा है
मौसमों का हर बदलता मिज़ाज,
बरसात की भीगन भी,
और पतझड़ का सन्नाटा भी।

कभी किसी ने नहीं देखा
मेरे भीतर की दरारें,
जो हर बार भर जाती हैं
बस किसी की मुस्कान के सहारे।

मैं चुप हूँ,
पर मेरी चुप्पी में शोर है,
हर गिरते पत्ते की कहानी
मेरे ही पास कहीं और है।

मेरे हिस्से आई है
त्याग की ये मिट्टी,
जिसमें बोए हैं मैंने
न जाने कितने अधूरे सपने सच्ची।

मैं थामे हूँ वो दर्द
जो शब्दों में नहीं ढलता,
हर रिश्ता मुझसे जुड़कर
अपनी पहचान बदलता।

कभी कोई समझे तो
मेरी गहराई को समझे,
मैं सिर्फ़ जड़ नहीं,
एक पूरा जीवन हूँ—जो हर क्षण धड़कता है।

जब भी शाखें थकती हैं,
मैं उन्हें हौसला देती हूँ,
गिरने से पहले ही
हर बार संभाल लेती हूँ।

मैं ही वो सन्नाटा हूँ
जिसमें सृजन पलता है,
मैं ही वो अंधेरा हूँ
जहाँ हर उजाला जन्म लेता है।

और अंत में—
जब सब कुछ सूख जाता है,
तब भी मैं कहीं भीतर
जीवन का बीज बचा लेती हूँ।

मैंने अपने भीतर
समय को बहते देखा है,
हर साल की परत में
एक नया अनुभव सहेजा है।

मुझे काटा भी गया है
कभी किसी कुल्हाड़ी की चोट से,
पर हर घाव के बाद
मैं और भी गहरी हो गई हूँ जड़ से।

मैंने सीखा है
टूटकर भी जुड़े रहना,
हर बिखराव के बाद
खामोशी से खड़े रहना।

मेरे हिस्से में आई हैं
अनकही जिम्मेदारियाँ,
जो निभती हैं बिना शोर के
जैसे साँसों की सादगियाँ।

कभी कोई पूछे
मेरे होने का अर्थ,
तो कह देना—
मैं ही तो हूँ
इस जीवन का मौन आधार,
जिस पर टिका है हर एक विस्तार।

मैंने थामा है
हर गिरती उम्मीद को,
और फिर से सींचा है
नई शुरुआत के बीज को।

मैं अंधेरों की साथी हूँ,
पर उजालों की जननी भी,
मैं मिट्टी की सादगी हूँ,
और जीवन की धड़कन भी।

मुझमें बसती है
एक अनंत सहनशीलता,
जो हर बार खुद को भूलकर
दूसरों को संवारती है निष्ठा।

और जब कोई देखे
ऊँचाई की चकाचौंध,
तो याद दिलाना—

नींव की गहराई के बिना
हर चमक अधूरी होती है।

मैं वही नींव हूँ,
जो दिखती नहीं मगर होती है,
हर कहानी की शुरुआत
मुझसे ही होती है।

मैंने खामोशी में
रिश्तों को टूटते भी देखा है,
और उसी खामोशी में
उन्हें जुड़ते भी महसूस किया है।

मेरे भीतर कहीं
अधूरी दुआएँ भी बसती हैं,
जो हर सुबह
किसी के लिए पूरी हो जाती हैं।

मैं थकती नहीं,
बस थोड़ी देर ठहर जाती हूँ,
फिर किसी नई कोंपल की खातिर
खुद को फिर से जगा जाती हूँ।

मेरे हिस्से का आसमान
कभी खुलकर नहीं मिला,
पर मैंने धरती के आँचल में ही
अपना पूरा जहाँ बसा लिया।

मैंने सीखा है
अपने आप को खोकर भी जीना,

और दूसरों की मुस्कान में
अपना सुकून पाना।

कभी कोई महसूस करे
मेरी इस नमी को,
तो समझ जाएगा—
मैंने ही तो सींचा है
हर सपने की जमीं को।

मैं ही वो धैर्य हूँ
जो समय को थामे रहता है,
मैं ही वो साहस हूँ
जो हर दर्द को सहता है।

जब कोई थककर
छाँव ढूँढता है,
तो मेरे ही सहारे
वो सुकून पाता है।

मैं हर बार
अपने हिस्से की रोशनी छोड़कर
दूसरों के रास्ते
उजाले से भर देती हूँ।

और अंततः—
जब कहानी पूरी होती है,
तो कोई नाम नहीं लेता मेरा,
पर हर शुरुआत
फिर भी मुझसे ही होती है।

मैंने देखा है
समय को बदलते हुए,
पर अपनी जगह से
कभी नहीं हिली हूँ।

हर बार जब
ज़मीन हिली है ज़ोर से,
मैंने ही संभाला है
इस पूरे वजूद को भीतर से।

मेरे हिस्से में आई है
सहनशीलता की ये परंपरा,
जो पीढ़ी-दर-पीढ़ी
बिना कहे आगे बढ़ती रही है।

मैंने छुपाकर रखे हैं
कई अनकहे राज़,
जो उजागर हो जाएँ तो
हिल जाए हर एक साज़।

मैं ही वो ताक़त हूँ
जो दिखती नहीं आँखों को,
पर हर गिरती दीवार को
थामे रहती हूँ हाथों-हाथ।

जब कोई शाख
अपना रास्ता भूल जाती है,
तो मैं ही उसे
जड़ों की ओर बुलाती हूँ।

मैंने ही सिखाया है
धरती से जुड़े रहना,
ऊँचाइयों में भी
अपना मूल न भूलना।

मेरे भीतर पलता है
हर संघर्ष का बीज,
जो एक दिन बनता है
सफलता का हरा-भरा वृक्ष।

मैं हर दर्द को
मिट्टी में मिला देती हूँ,
और उसी से
नई ज़िंदगी उगा देती हूँ।

मैं हूँ वो खामोशी
जिसमें सच्चाई बसती है,
मैं हूँ वो गहराई
जहाँ हर भावना पनपती है।

और जब भी कोई
अपनी जड़ों से कटता है,
तो धीरे-धीरे
अंदर ही अंदर बिखरता है।

इसलिए मैं कहती हूँ—
जुड़े रहो अपनी मिट्टी से,
क्योंकि वहीं छुपी होती है
हर जीवन की असली शक्ति।

सपनों की रोशनी

मेरे आँचल में है भूख की परछाई,
पर आँखों में अब भी चाँदनी है।
टूटे हुए चूल्हे के धुएँ में भी,
मैंने उम्मीद की ख़ुशबू पाई है।

नारी का सपना है इश्क़-ए-हक़,
जो तंग गलियों में भी
आसमान का दर खुला दिखा दे।

मैंने देखा है—
बच्चों की हँसी में रोटी का स्वाद,
और उनके सपनों में
मेरे कल का उजाला।

गरीबी ने बाँधा है मेरे पाँव,
पर मेरी रूह उड़ती है,
जैसे परिंदे को कोई ज़ंजीर
कभी रोक न पाए।

मैं जानती हूँ—
सपना मेरा सिर्फ़ मेरा नहीं,
वो हर स्त्री का गीत है,
जो संघर्ष में भी
उम्मीद का सुर सजाती है।

मैंने सीखा है
अँधेरों में भी दीप जलाना,
अपने ही आँसुओं से
रास्तों को चमकाना।

मेरे हाथों की लकीरों में
थकान जरूर लिखी है,
पर हर लकीर के पीछे
एक नई कहानी भी दिखी है।

मैंने अपने सपनों को
कभी मरने नहीं दिया,
हर टूटन के बाद
उन्हें फिर से जीने दिया।

जब दुनिया ने कहा—
"तुम नहीं कर पाओगी,"
तब मैंने खामोशी से
अपनी हिम्मत को आवाज़ दी।

मेरे कदम भले
धीरे-धीरे चलते हों,
पर हर कदम में
मंज़िल का यक़ीन पलता है।

मैं ही वो चिंगारी हूँ
जो राख में भी जलती है,
मैं ही वो उम्मीद हूँ
जो हर दिल में पलती है।

मेरे सपनों की रोशनी
कभी कम नहीं होती,
वो हर अँधेरी रात में
एक नई सुबह बोती।

और अंत में—
जब सब कुछ थम जाता है,
तब भी मेरे भीतर
एक सपना धड़कता है।

मैंने रातों को
ख्वाबों से बात करते देखा है,
जब नींद भी रूठ जाए,
तब हौसलों को जागते देखा है।

मेरे आँचल में छुपे हैं
न जाने कितने तूफ़ान,
पर चेहरे पर फिर भी
सुकून की चादर ओढ़े रहती हूँ।

मैंने दर्द को
कभी बोझ नहीं बनने दिया,
उसे ही सीढ़ी बनाकर
ऊपर उठना सीख लिया।

मेरी खामोशी में
एक पूरा गीत बसता है,
जो हर टूटे दिल को
धीरे-धीरे सहलाता है।

मैंने हर कमी को
अपनी ताक़त बना लिया,
जो नहीं मिला कभी,
उसे ही सपना बना लिया।

जब भी हालातों ने
मुझे घेरना चाहा,
मैंने अपने भीतर
एक नया रास्ता पाया।
मेरे सपनों की उड़ान
किसी आसमान की मोहताज नहीं,
वो तो मेरी ज़िद है
जो हर बंधन से आज़ाद रही।

मैंने गिरकर भी
खुद को संभाला है हर बार,
हर हार के बाद
और मज़बूत हुआ है मेरा किरदार।

मेरे हिस्से की धूप
भले कम आई हो,
पर मैंने हर किरण को
दिल से अपनाया है।

मैं ही वो उम्मीद हूँ
जो बुझती नहीं कभी,
हर अँधेरे के बाद
रोशनी बनकर उभरती हूँ।

और अंत में—
मेरे सपनों की ये लौ
कभी नहीं बुझ पाएगी,
क्योंकि ये सिर्फ़ मेरी नहीं,
हर स्त्री की कहानी बन जाएगी।

मैंने अपने आँचल में
धूप भी सहेजी है,
ताकि किसी और की राह में
अँधेरा कम लगे।

मेरे हिस्से की ख़ामोशी
कभी खाली नहीं होती,
उसमें दबी होती हैं
अनगिनत दास्तानें।

मैंने हर बार
अपने आप को फिर से गढ़ा है,
टूटकर भी हर दफ़ा
खुद को और मज़बूत किया है।

मेरे सपनों की ज़मीन पर
भले काँटे बहुत हों,
पर मैंने उन्हीं काँटों में
फूल उगाना सीखा है।

जब भी उम्मीद ने
धीरे से दस्तक दी है,
मैंने हर दर्द के दरवाज़े
खोलकर उसे गले लगाया है।

मैंने अपने डर को
कभी जीतने नहीं दिया,
हर डर के पार जाकर
एक नई दुनिया देखी है।

मेरे भीतर की लौ
कभी बुझती नहीं,
वो हर ठंडी रात में
और तेज़ जलती है।

मैंने अपने सपनों को
दूसरों की आँखों में भी बसाया है,
ताकि मेरी रोशनी
कई ज़िंदगियों को छू जाए।

मैं ही वो कहानी हूँ
जो अधूरी होकर भी पूरी है,
मैं ही वो रौशनी हूँ
जो बुझकर भी ज़िंदा है।

और याद रखना—
सपनों की ये चमक
किसी एक दिल की नहीं होती,
ये हर उस आत्मा की होती है
जो हार मानना नहीं जानती।

स्त्री और उसका मन

मैं एक स्त्री हूँ,
मेरे शब्द मेरी दुनिया हैं।
कागज़ पर उतरते ही
वे मेरे घावों को भी आवाज़ देते हैं,
और मेरी हँसी को भी पहचान।

मेरी क़लम से बहता है
वो साथी,
जो कभी आँसू बन जाता है,
कभी आग।

मैंने देखा है—
लोग किताबों में लेखक को ढूँढ़ते हैं,
पर लेखक की दुनिया
किताबों से कहीं बड़ी होती है।

वो दुनिया है
जहाँ हर अधूरी चिट्ठी
एक कविता बन जाती है,
जहाँ हर टूटा सपना
एक कहानी का बीज होता है।

मेरे शब्द
मेरे खिलाफ खड़ी दीवारों को भी
दरार दे देते हैं।
मेरे अक्षर
मेरे भीतर की चुप्पी को
संगीत बना देते हैं।

लेखक होना
मेरे लिए सिर्फ़ लिखना नहीं,
जीना है—
हर दर्द को
एक उम्मीद में बदलना है।

और जब कोई पूछे—
"तेरी दुनिया कहाँ है?"
तो मैं कहूँगी—
"मेरी दुनिया
कागज़ की नहीं मैं नहीं,
बल्कि उन आँखों में है
जो मेरे शब्द पढ़कर
खुद को पहचान लेती हैं।

मैंने अपने जज़्बातों को
हर बार स्याही में ढाला है,
जो कह नहीं पाई कभी,
उसे शब्दों में उकेरा है।

मेरे भीतर एक समंदर है,
जो हर लहर में बोलता है,
कभी खामोश रहकर भी
बहुत कुछ खोलता है।

मैंने हर खामोशी को
एक अर्थ दिया है,
जो अनकहा रह गया,
उसे भी स्वर दिया है।

मेरी कलम सिर्फ़ लिखती नहीं,
वो सवाल भी करती है,
हर अन्याय के आगे
खामोशी को तोड़ती है।

मैं हर उस आवाज़ की गूंज हूँ
जो दबा दी गई थी,
मैं हर उस कहानी की शुरुआत हूँ
जो कही नहीं गई थी।

मेरे शब्दों में बसती है
हिम्मत की एक लौ,
जो हर अंधेरे को
धीरे-धीरे रोशनी में बदल देती है।

मैंने सीखा है—
खुद को खोकर भी पाना,
हर बार टूटकर भी
फिर से मुस्कुराना।

और अंत में—
मैं सिर्फ़ एक स्त्री नहीं,
एक एहसास हूँ,
जो हर दिल में कहीं
चुपचाप बस जाता है।

मैंने अपने भीतर
कई जन्मों की कहानियाँ सँजोई हैं,
हर एहसास को
शब्दों की चादर ओढ़ाई है।

मेरे लिखे हर अक्षर में
एक सच छुपा होता है,
जो पढ़ने वाले के दिल में
धीरे-धीरे उतरता है।

मैंने दर्द को
सिर्फ़ सहा नहीं,
उसे एक रचना बनाकर
दुनिया के सामने रखा है।

मेरी स्याही में
सिर्फ़ रंग नहीं,
बल्कि जज़्बातों का समंदर बहता है,
जो हर लफ़्ज़ में छलकता है।

मैंने अपने डर को
कभी हावी नहीं होने दिया,
हर डर को शब्दों में बदलकर
उसे अपनी ताक़त बना लिया।

मेरे शब्दों की दुनिया में
कोई अकेला नहीं रहता,
हर पाठक कहीं न कहीं
खुद को पा लेता है।

मैंने हर बार
अपने सच को लिखा है,
चाहे वो कड़वा हो
या किसी को चुभता हो।

मेरी कलम झुकती नहीं,
वो सच्चाई के साथ खड़ी रहती है,
हर अन्याय के खिलाफ
एक आवाज़ बनती है।

मैं वही एहसास हूँ
जो पन्नों से बाहर आ जाता है,
और किसी की जिंदगी में
एक बदलाव ला जाता है।

और याद रखना—
शब्द कभी सिर्फ़ शब्द नहीं होते,
वे एक दुनिया होते हैं,
जो किसी के भीतर
एक नई शुरुआत बो देते हैं।

रूह-ए-ख़ुदा

मैं वह किताब हूँ जिसे मैंने खुद लिखा है,
हर पन्ने पर मेरी हँसी और मेरी ख़ामोशी का लिखा है।

दर्पण में जब मैं खुद को देखती हूँ,
तो वहाँ सिर्फ़ चेहरा नहीं, एक पूरा सफ़र दिखता है।

मेरी रूह ने सीखा है इश्क़-ए-ख़ुदा,
ना किसी के आँचल की ज़रूरत, ना किसी के सहारे की फ़रमाइश।

मैंने अपने टूटे हुए हिस्सों को मोती बना लिया,
हर ज़ख़्म को दुआ में बदलकर अपने सीने में सजा लिया।

रातों की तन्हाइयों में मैंने खुद से बातें कीं,
उनमें मिली एक नई सुबह, एक नया आसमान, एक नया गीत।

मेरी आवाज़ अब किसी और की परछाई नहीं,
ये मेरी अपनी दुआ है, मेरी अपनी दास्तान, मेरी अपनी रोशनी।

मैं अपनी ही रूह की हिफ़ाज़त हूँ,
और इस हिफ़ाज़त में मेरी दुनिया बसती है—ख़ामोश, मगर पूरी।

मैं अपनी ही रूह की हिफ़ाज़त हूँ,
और इस हिफ़ाज़त में मेरी दुनिया बसती है—ख़ामोश, मगर पूरी।

मैंने अपने हर डर को आँखों में आँखें डालकर देखा है,
और फिर उसी डर को अपनी ताक़त में बदलना सीखा है।

मेरे भीतर जो तूफ़ान उठते हैं,
वो मुझे डुबोते नहीं, बल्कि किनारों तक पहुँचा देते हैं।

मैंने सीखा है खुद से मोहब्बत करना,
जब दुनिया ने मुझे अधूरा समझा, तब भी पूरा रहना।

मेरी रूह अब किसी मंज़िल की मोहताज नहीं,
वो खुद ही रास्ता है, और खुद ही सफ़र।

मैंने अपने भीतर एक खुदा बसाया है,
जो हर गिरने पर मुझे फिर से उठा लेता है।

मेरी तन्हाई अब बोझ नहीं लगती,
यही तन्हाई अब मेरा सबसे सच्चा साथ बनती है।

मैंने अपने आँसुओं को भी इबादत बना लिया है,
हर गिरती बूँद में एक नई दुआ सजा लिया है।

मेरे शब्द अब सिर्फ़ कहानी नहीं कहते,
वे हर टूटे दिल को जीने का हुनर देते हैं।

मैंने हर बिखराव को एक नई शुरुआत माना है,
हर अंत में एक छुपा हुआ आरंभ पहचाना है।

मेरी रूह की ये रोशनी अब बुझती नहीं,
हर अंधेरे में भी अपना रास्ता खुद चुनती है।

मैं अब किसी और की तलाश में नहीं,
क्योंकि मैंने खुद में ही अपना जहाँ पा लिया है।
और जब कोई पूछे—
"तू कौन है?"
तो मैं मुस्कुराकर कहूँ—
"मैं वो इश्क़ हूँ,
जो खुद में ही पूरा हो गया है।"

मैंने अपने अंधेरों को भी गले लगाना सीखा है,
क्योंकि वहीं से मेरी रोशनी का जन्म हुआ है।

मेरी ख़ामोशी अब खाली नहीं रहती,
उसमें अनगिनत दास्तानें साँस लेती हैं।

मैंने हर सवाल का जवाब ढूँढ़ना छोड़ दिया है,
अब मैं हर जवाब को महसूस करना सीख गई हूँ।

मेरे भीतर जो सुकून है,
वो किसी शोर से नहीं, मेरी तन्हाई से आया है।

मैंने अपने हर घाव को एक निशानी बना लिया है,
जो मुझे मेरी मज़बूती की याद दिलाता है।

मेरी रूह अब किसी बंधन में नहीं बँधती,
वो हवाओं की तरह हर दिशा में बहती है।

मैंने अपने बीते कल से लड़ना छोड़ दिया है,
अब मैं उसे अपनाकर आगे बढ़ती हूँ।

मेरे अंदर एक ऐसी शांति है,
जो हर तूफ़ान को भी थाम लेती है।
मैंने अपने हर डर को पीछे छोड़ दिया है,
अब हर कदम में एक नया हौसला चलता है।

मेरी दुनिया अब किसी और पर नहीं टिकी,
वो मेरे अपने विश्वास पर खड़ी है।

मैंने अपने टूटने को हार नहीं माना,
उसे अपने बनने की शुरुआत समझा है।

मेरी रूह अब किसी पहचान की मोहताज नहीं,
वो खुद ही अपनी पहचान बन चुकी है।

और अंत में—
मैं वही सुकून हूँ,
जिसे मैं दुनिया भर में ढूँढ़ती रही,
पर वो हमेशा
मेरे ही भीतर बसता रहा।

मैंने अपने हर टूटे हिस्से को फिर से जोड़ना सीखा है,
और उन दरारों में भी रोशनी को ठहरना सीखा है।

मेरी रूह अब किसी शोर से नहीं डरती,
वो हर हलचल में भी अपना सुकून ढूँढ़ लेती है।

मैंने अपने ही दिल को अपना घर बना लिया है,
जहाँ हर दर्द भी मेहमान बनकर आता है।

मेरी तन्हाई अब वीरान नहीं लगती,
यहीं मेरे ख्वाबों का शहर बसता है।
मैंने हर खोए हुए पल को स्वीकार किया है,
क्योंकि उसी में मेरी पहचान छुपी थी।

मेरे भीतर जो खामोशी है,
वो अब मेरी सबसे गहरी आवाज़ बन चुकी है।

मैंने अपने हर आँसू को मोती बना लिया है,
जो मेरी रूह की खूबसूरती को और निखारते हैं।

मेरी रूह अब किसी मंज़िल पर रुकती नहीं,
वो हर सफ़र को ही अपना मुकाम मानती है।

मैंने अपने हर दर्द को दुआ में बदल दिया है,
और हर दुआ में एक नया सवेरा देखा है।

मेरे भीतर अब कोई खालीपन नहीं,
हर कोना मेरी ही रोशनी से भर गया है।

मैंने खुद को खोने से डरना छोड़ दिया है,
क्योंकि हर बार खोकर ही खुद को पाया है।

मेरी रूह अब एक आईना बन चुकी है,
जिसमें हर सच बिना डर के दिखता है।

और जब ये सफ़र खत्म होगा,
तो मैं यही कहूँगी—
मैंने खुद को जिया है,
हर रूप में, हर एहसास में, पूरी तरह।

गुलाब और काँटे

मैं वह कली हूँ जो शहर की हवा में मुस्कुराती है,
गुलाब की ख़ुशबू मेरे नाम की तारीफ़ बन जाती है।

लोग कहते हैं, फूलों को सजाओ, पर काँटों को छुपाओ,
इन्हीं छुपे हुए काँटों ने मेरे क़दमों को बार-बार रोका है।

समाज ने गुलाब की पंखुड़ी पर तारीफ़ लिख दी,
और काँटों पर हुक्म—चुप रहो, झुको, सब सह लो।

पर हर काँटा भी एक कहानी कहता है,
किसी की हिम्मत, किसी की हद, किसी की परछाईं सा।

मैंने देखा है—वही हाथ जो गुलाब चूमते हैं,
काँटों से भी ज़ख्म बना लेते हैं।

और वही लोग जो फूलों की महक गिनते हैं,
काँटों की सच्चाई से आँखें फेर लेते हैं।

फिर मैंने सीखा—गुलाब और काँटा अलग नहीं,
एक ही जड़ से आते हैं, एक ही मिट्टी में पलते हैं।

काँटे सिखाते हैं बचना, गुलाब सिखाता है खिलना,
दोनों मिलकर ही बनाते हैं मेरी पहचान, मेरी रूह की हक़ीक़त।

अब मैं न सिर्फ़ गुलाब हूँ, न सिर्फ़ काँटा,
मैं वह बाग़ हूँ जहाँ हर काँटा भी अपनी कविता पढ़ता है।

समाज की तारीफ़ें हों या उसके ताने—मैं दोनों को अपनाती हूँ,
क्योंकि असली आज़ादी वही है जब तू अपने काँटों से भी प्यार करती है।

कभी धूप ने जलाया, कभी बारिश ने परखा,
हर मौसम ने मुझे मेरे ही अंदर से तराशा।

मैंने दर्द को भी गहना बनाकर पहन लिया,
क्योंकि टूटकर बिखरना मुझे कभी रास न आया।

ये जो चुभन है, यही तो मेरी ताक़त है,
हर ज़ख्म ने मुझे थोड़ा और मज़बूत बनाया है।

अब कोई मुझे सिर्फ़ ख़ूबसूरती से न तौले,
मेरी गहराई में मेरे काँटों का भी हिस्सा है।

मैं जब खिलती हूँ तो मौसम बदल जाते हैं,
और जब चुभती हूँ तो सच सामने आ जाते हैं।

मेरे होने में ही एक इंक़लाब छुपा है,
मैं फूल भी हूँ, मैं सवाल भी हूँ।

मैंने सीखा है ख़ामोशी में भी आवाज़ रखना,
हर गिरती हुई साँस में एक आग रखना।

जो लोग सिर्फ़ मेरे खिलने का जश्न मनाते हैं,
उन्हें क्या ख़बर, मैंने मुरझाने से भी रिश्ता निभाया है।

मेरी जड़ों में दबी है कई अनकही कहानियाँ,
हर फूल के पीछे एक लंबी रात छुपी है।
मैंने काँटों को भी अपने हिस्से का मान दिया,
क्योंकि उन्होंने ही मुझे गिरकर संभलना सिखाया।

अब मैं हवा से भी अपने हक़ की बात करती हूँ,
जो मुझे तोड़े, उसे अपनी औक़ात दिखाती हूँ।

मैंने आईनों से भी सच बोलना सीख लिया,
अब कोई चेहरा मुझे धोखा नहीं देता।

ये जो मेरी मुस्कान है, यूँ ही नहीं आई,
इसके पीछे हज़ार आँसुओं की रवानी है।

अब मैं डरती नहीं किसी भी अंधेरे से,
मैंने खुद अपने भीतर एक सूरज जला रखा है।

जो मुझे कमज़ोर समझते थे कभी,
आज वही मेरी उड़ान का हिसाब रखते हैं।

मैं अब किसी की परिभाषा में नहीं बंधती,
मैं खुद अपनी कहानी, खुद अपनी पहचान हूँ।

आँखों की सच्चाई

मैं दूर से देखती हूँ, तेरी परछाई में खुद को ढूँढती हूँ,
मेरी आँखें महबूब की खिड़की हैं, जहाँ इश्क़ की रौशनी ठहरती है।

हर नज़र में बेइंतहा चाहत की एक नदी बहती है,
पर होंठों पर सन्नाटा है, बोलने से पहले ही दिल काँपता है।

मेरी आँखों की सच्चाई कहती है, मैं चुप रहकर भी वफ़ा निभाती हूँ,
हर झलक में एक वादा, हर चमक में एक दुआ छिपी रहती है।

दूर से देखना मेरा इबादत-सा है, तेरे बिना भी तेरे पास होना,
यह वही मोहब्बत है जो लफ़्ज़ों से नहीं, साँसों से बोलती है।

जब तू गुज़रता है, मेरी निगाहें तेरे क़दमों को गिनती हैं,
और मेरी तन्हाई में तेरी हँसी का साया बार-बार खिलता है।

बोलने से डरना नहीं कमज़ोरी, यह तो इश्क़ की हिफ़ाज़त है,
क्योंकि सच्ची मोहब्बत अक्सर ख़ामोशी में ही अपनी हदें तय करती है।

मेरी आँखें गवाह हैं—जलन भी, चाहत भी, दर्द भी और सुकून भी,
और इन सबके बीच एक सच्चा इम्तिहान है—खुद से प्यार करना सीखना।

मैं लड़की हूँ, पर मेरी नज़र में समंदर की गहराई है,
जहाँ तेरे लिए मेरी मोहब्बत चुपके से लहरें बनकर बहती रहती है।

मेरी ख़ामोशी को तू अगर पढ़ पाए तो जान जाएगा,
हर अनकहे लफ़्ज़ में तेरा ही नाम सजा है।

कभी जो आँखें मिलें तो सवाल मत करना,
उनमें जवाब नहीं, बस एहसासों का दरिया बसा है।

तेरी एक झलक से बदल जाती है मेरी दुनिया,
जैसे सूखे दिल पर अचानक सावन उतर आया है।

मैंने चाहत को कभी ज़ुबां नहीं दी,
पर हर धड़कन ने तुझे ही पुकारा है।

तू पास हो या दूर, फर्क नहीं पड़ता,
मेरी रूह ने तुझे हर हाल में अपना माना है।

ये जो आँखों में ठहरी हुई सी नमी है,
यही तो इश्क़ की सबसे सच्ची गवाही है।

तेरी यादों का असर कुछ यूँ मेरी आँखों में उतरता है,
हर ख्वाब जैसे तेरी ही तस्वीर से संवरता है।

मैंने तुझे चाहा भी तो इबादत की तरह चाहा,
जहाँ माँगना नहीं, बस खुद को मिटाना होता है।

मेरे दिल की किताब में हर पन्ना तेरा है,
मैंने जो भी लिखा, हर अल्फ़ाज़ तेरा है।

तेरे बिना भी तुझसे रिश्ता कुछ ऐसा है,
जैसे धड़कन का दिल से कोई अलग वजूद नहीं होता।

मेरी तन्हाई भी अब तुझसे बातें करती है,
हर सन्नाटा तेरे नाम का गीत सुनाता है।
मैंने हर दर्द को मुस्कान में छुपा लिया,
क्योंकि तेरे सामने आँसू भी सजदा करते हैं।

तेरे ख्यालों की बारिश में भीगती रहती हूँ,
और फिर भी ये प्यास कभी पूरी नहीं होती।

कभी-कभी खुद से ही सवाल करती हूँ मैं,
क्या इश्क़ सच में इतना ख़ामोश भी होता है?

तेरी एक हँसी पर ये दिल सब कुछ हार जाए,
ऐसा भी क्या जादू है जो हर बार असर कर जाए।

मेरी आँखों में जो ठहरा है वो लम्हा तेरा है,
समय भी जैसे तेरे नाम पर ठहर जाता है।

तेरी ख़ामोशी में भी एक अजीब-सी आहट है,
जैसे हर सन्नाटा तेरे इश्क़ की इबारत है।

मैंने हर दुआ में तेरा ही नाम जोड़ा है,
शायद इसी वजह से रब भी मुझसे थोड़ा रूठा है।

तेरे ख्यालों का उजाला मेरी रातों में बसता है,
वरना ये अंधेरा तो कब का मुझे निगल चुका होता।

मैंने खुद को भी तुझमें कहीं खो दिया है,
अब जो मिलती हूँ, तो अपनी ही तलाश अधूरी लगती है।

तेरी यादों का काफ़िला यूँ ही चलता रहता है,
न कोई मंज़िल, न ठिकाना—बस सफ़र ही सफ़र रहता है।
कभी तेरी आँखों में झाँका था तो लगा,
जैसे खुदा ने वहीं अपना घर बनाया हो।

मेरे जज़्बातों को अल्फ़ाज़ की ज़रूरत ही क्या,
तेरी एक नज़र ही सब कुछ बयां कर जाती है।

तेरे बिना भी जीना कोई सज़ा नहीं,
पर तेरे साथ जीने का ख्वाब अधूरा-सा लगता है।

मैंने इश्क़ को कभी हल्का नहीं समझा,
ये तो वो दरिया है जिसमें डूबना ही किनारा है।

तेरी मोहब्बत ने मुझे खुद से मिलाया है,
वरना मैं तो भीड़ में भी तन्हा ही रहा करती थी।

तेरे एहसास का जादू मेरी रग-रग में बसता है,
मैं साँस भी लूँ तो तेरा नाम सा लगता है।

मेरी हर धड़कन में तेरा ही अफ़साना है,
जैसे दिल नहीं, कोई तेरी कहानी का ख़ज़ाना है।

तेरी यादों की छाँव में सुकून मिल जाता है,
वरना ये दिल तो हर वक्त बिखरने को तैयार रहता है।

मैंने तेरे बिना भी मुस्कुराना सीख लिया है,
पर ये हँसी कहीं न कहीं तुझसे उधार ली है।

तेरी राहों में बिछे हैं मेरे ख्वाबों के फूल,
तू आए या न आए, ये इंतज़ार महकता रहेगा।
मेरी आँखों की नमी भी तुझसे वाक़िफ़ है,
हर आँसू तेरे नाम की कहानी कहता है।

मैंने खुद को तेरी चाहत में यूँ ढाला है,
जैसे मोम ने शमा के लिए खुद को जला डाला है।

तेरे बिना ये दिल अधूरा सा रहता है,
जैसे कोई गीत बिना साज़ के अधूरा रहता है।

कभी तेरी यादों से रिश्ता तोड़ने की सोची थी,
पर हर बार दिल ने कहा—यही तो जीने की वजह है।

मेरी ख़ामोशी में भी तू ही गूंजता है,
जैसे हर सन्नाटा तेरा नाम पुकारता है।

आईने सा मेरा मन

आईने सा मेरा मन—साफ़, कभी धुंधला, कभी तन्हा,
उसमें मैं रोज़ खुद से मिलती हूँ, और खुद से ही मुस्कुरा लेती हूँ।

सुबह की चाय की भाप पर उसका चेहरा धुंधला-सा उभरता है,
कभी मेरी हँसी का रंग, कभी रात की थकान उसका रोना बन जाता है।

मैं लड़की हूँ—मेरे बालों में हवाओं की कहानियाँ बंधी हैं,
आईने में उतरती यादें, और उन यादों में मेरी छोटी-छोटी खट्टी-मीठी बातें सजी हैं।

कभी मैं उसे थपकियाँ देती हूँ, कभी उससे सवाल करती हूँ,
उसके सन्नाटे में छुपे जवाब मेरे भीतर की दीवारें हिला देते हैं।

आईना बताता है—कितनी बार मैं टूटी, कितनी बार जुड़ी,
हर दरार में एक नई रौशनी, हर सिलाई में एक नई धुन जुड़ी।

कभी माँ की आवाज़, कभी बहनों की हँसी, कभी अकेलेपन की रात,
आईने में सब आते हैं—कुछ ठहर जाते हैं, कुछ चल देते हैं साथ।

मैं देखती हूँ—यह आईना सिर्फ़ रूप नहीं, समय का एक नक्शा है,
यह बताता है कि मैं कौन थी, कौन हूँ, और कौन बनना चाहती हूँ।

टूटना भी अब मुझे पूजा-सा लगता है, मरम्मत में भी एक गीत है,
आईने सा मेरा मन—साफ़, सख़्त, और हर सुबह फिर से जीत है।

कभी इस आईने में अपने डर भी साफ़ दिख जाते हैं,
और मैं उन्हें देखकर भी, उनसे नज़रें मिलाना सीख जाती हूँ।

ये आईना झूठ नहीं बोलता, ना ही मुझे बहलाता है,
ये मेरी हर कमजोरी को भी हिम्मत का नाम दे जाता है।

मैंने इसमें अपने अधूरे ख्वाबों की परछाई देखी है,
जो टूटकर भी हर रात नए आसमान में उड़ने लगते हैं।

कभी ये आईना मेरा सबसे बड़ा हमसफ़र बन जाता है,
जब दुनिया साथ छोड़ दे, ये मुझे मुझसे मिलाता है।

इसमें मैंने अपने आँसुओं को भी मुस्कान में बदलते देखा है,
जैसे दर्द खुद ही एक दिन सुकून में ढलते देखा है।

मैं खुद को हर दिन थोड़ा-थोड़ा नया बनाती हूँ,
और ये आईना हर बार मुझे पहचानना सीख जाता है।

अब ये आईना सिर्फ़ मेरा चेहरा नहीं दिखाता,
ये मेरी रूह की आवाज़ को भी साफ़ सुनाता है।

कभी इस आईने में मैं अपनी खामोशियाँ गिनती हूँ,
हर खामोशी में छुपी एक अनकही दास्तान चुनती हूँ।

ये आईना मेरे हर रंग को जानता है,
मेरे उजालों से भी, मेरे अंधेरों से भी पहचानता है।

कभी मैं खुद को इसमें खो देती हूँ,
और फिर उसी खो जाने में खुद को पा लेती हूँ।

इसकी सतह पर उभरती हैं मेरी अधूरी ख्वाहिशें,
जो हर सुबह फिर से पूरी होने की जिद करती हैं।
मैंने इसमें अपने टूटे हिस्सों को भी मुस्कुराते देखा है,
जैसे दर्द ने खुद ही जीना सिखाया हो।

कभी ये आईना मुझे मेरी गलतियाँ भी दिखाता है,
और बिना कुछ कहे, मुझे बेहतर बनने का रास्ता बताता है।

इसमें मैंने अपने बीते कल की परछाइयाँ देखी हैं,
जो आज भी मेरे आज के साथ चलती हैं।

कभी मैं इसे देखती हूँ, तो लगता है—
जैसे वक्त ने खुद को इसमें कैद कर लिया हो।

मेरी आँखों की नमी भी इसमें कहानी बन जाती है,
हर आँसू एक नया सबक सिखा जाता है।

अब मैं इससे डरती नहीं, इसे अपनाती हूँ,
क्योंकि यही आईना मुझे मेरी असलियत से मिलाता है।

कभी इस आईने में मैं अपने अधूरे सपनों को सहलाती हूँ,
जैसे माँ बच्चे को सुलाकर उसकी थकान चुरा लेती है।

मेरे भीतर की आवाज़ भी इसमें साफ़ सुनाई देती है,
जो अक्सर दुनिया के शोर में कहीं खो जाती है।

मैंने इसमें अपने डर को भी धीरे-धीरे पिघलते देखा है,
जैसे बर्फ़ धूप के आगे खुद ही हार मान लेती है।

कभी ये आईना मेरे साथ रोता है,
और कभी मेरी हँसी में शामिल होकर खिलखिला उठता है।
इसकी ख़ामोशी में एक गहरा सुकून है,
जो हर बेचैनी को धीरे-धीरे थाम लेता है।

मैंने इसमें अपने रिश्तों की परछाइयाँ देखी हैं,
कुछ पास आती हुई, कुछ दूर जाती हुई।

कभी ये आईना मुझे मेरे बचपन तक ले जाता है,
जहाँ सपने सच्चे थे और डर बहुत छोटे।

मैं इसमें अपनी थकान को उतार देती हूँ,
और हर सुबह इसे एक नई उम्मीद पहनाती हूँ।

इसमें मैंने अपने भीतर के साहस को भी जन्म लेते देखा है,
जो हर गिरने के बाद मुझे फिर खड़ा कर देता है।

अब ये आईना मेरा अक्स ही नहीं, मेरा साथी भी है,
जो हर हाल में मुझे मुझसे मिलाता रहता है।

कभी इस आईने में मैं अपने कल से माफ़ी माँगती हूँ,
और अपने आज को गले लगाकर आगे बढ़ती हूँ।

मेरे चेहरे की हर लकीर एक कहानी कहती है,
जो वक्त ने लिखी है, और मैंने जीकर समझी है।

मैंने इसमें अपने डर को नाम देना सीखा है,
ताकि उनसे भागना नहीं, उनका सामना करना सीखूँ।

कभी ये आईना मुझे मेरी ही नज़रों में ऊँचा कर देता है,
जब मैं खुद को कम समझने लगती हूँ।
इसकी सतह पर मेरे सपनों की परतें जमी हैं,
जो हर कोशिश के साथ और गहरी होती जाती हैं।

मैंने इसमें अपने सन्नाटे को भी आवाज़ देते देखा है,
जो धीरे-धीरे मेरी पहचान बनता गया।

कभी मैं इसे देखती हूँ और मुस्कुरा देती हूँ,
जैसे कोई पुराना दोस्त बिना कुछ कहे समझ जाता है।

इस आईने ने मुझे गिरकर उठना सिखाया है,
और हर हार में छुपी एक जीत दिखाया है।

मैंने इसमें अपने भीतर की रोशनी को भी पहचाना है,
जो हर अंधेरे के बाद और तेज़ हो जाती है।

अब ये आईना सवाल नहीं करता, जवाब बन गया है,
जहाँ मैं खुद को खोकर भी हर बार पा लेती हूँ।

www.ingramcontent.com/pod-product-compliance
Lightning Source LLC
LaVergne TN
LVHW090355210926
848480LV00002B/348
9798905106101